Bright Lights Paris

巴里《パリ》のアメリカ人
パリジェンヌの秘かな楽しみ方を学ぶ

セーヌ川北部編

ANGIE NILES

アンジー・ナイルス　著

長坂陽子　訳

ビジネス社

to Penny

ペニーへ

あなたのおしゃれなパリジャン気質は他の誰とも違う。
いつまでもキュートでフランス人らしいあなたでいてね。

CONTENTS

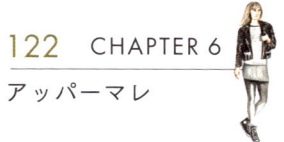

本書は2部構成になっています。

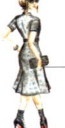

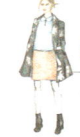

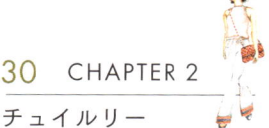

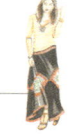

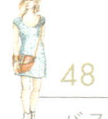

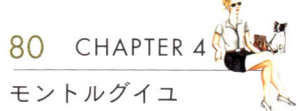

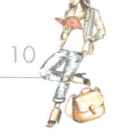

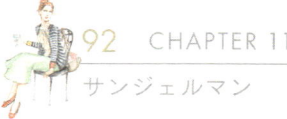

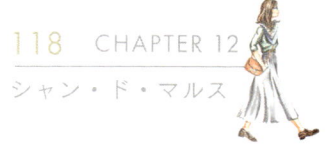

INTRODUCTION

Paris is Beautiful.
Paris is Charming.
Paris is Enchanting.
Paris is ... Magical.

パリは美しく、
パリは魅力的で
パリは私に魔法をかける。
そう、パリはマジック。

パリに住んでいた頃、私は毎朝ノートルダム寺院の鐘の音で目を覚ますたびに、パリの夢を見ているのではなくて本当に住んでいるんだって言い聞かせていたの。石畳の道を歩きながら、うっとりするような場所をたくさん発見し、この特別な街が与えてくれるものをすべて体験したわ。新鮮な旬の野菜が並ぶ野外のマーケット、温かくパリッとしたバケットの上でとろけてしまいそうな、ぽってりとしたカマンベールチーズ、かつて経験したことのない味覚を楽しませてくれる素晴らしいレストラン。リーズナブルなのに細かいところまで複雑に作り込まれたジュエリーを扱っているユニークな洋服屋さん。ピクニックにぴったりな、綺麗に手入れされた公園。そして一番大切なのは、パリジャン独特のスタイルとキャラクターを持つ住民たちだった。

でも私が初めて知ったパリは、実際のリヴォリ通りではないの。異国の他の人たちと同じように、遠く離れたところでパリを初体験したわ。『勝手にしやがれ』や『リトル・ロマンス』、オードリー・ヘップバーンがとてもおしゃれ

な『シャレード』のような映画から、パリの美しさを知ったの。

ラッキーなことに私が育ったのは、フロリダ中央にあるディズニー・ワールドの近く。ディズニー・ワールドの中にあるエプコットセンターのフランス館には小さなパリがあるの。子供の頃から大学を卒業するまで、私と母は年間パスポートを持っていた。オーランドにショッピングに行ったあとは必ず、母は「パリでデザートを食べましょう」と言い出して、エプコットまで足を伸ばしたわ。そこで“パリ”に寄って、チョコレートクロワッサンかベタベタするナポレオンペストリーを買って、パリっぽく作られたカフェでそれを食べたものよ。

母にとっても私にとっても、これがパリ旅行に一番近い体験。私はこのミニヴァージョンのパリへの旅が大好きだったの。でも私は自分がよく、本当のパリの旅を想像し、パリの女の子たちの毎日——彼女たちがどんな風に暮らし、何を着ていて、どんな人なのかを知りたいと思っていることに気がついた。

初めてパリを旅したのは大学生のときよ。そしてル・マレを歩いているときに、私は初めて彼女たちに出会ったの。パリジェンヌたち——1週間分の食料品を買うためにマルシェに向かう女性たち、現代アートのギャラリーをぶらついている信じられないくらいシックなレディ、そしてカフェの外に集まって友達とカフェオレを飲んでいる女の子たちに。

パリに行くたびに、私はどんどん強く惹きつけられていったわ。そのうちにパリジェンヌが1つのタイプではないことに気がついた。彼女たちは12以上のタイプがいて、住んでいる地区によってスタイルや暮らし方が独特なの。その違いはとても鮮やかで、私の興味をかき立て楽しませてくれたわ。ボヘミアンのようにサンマルタン運河をそぞろ歩く女の子や、アートギャラリーで買い物をし、カフェ・ド・フロールで友達とランチの待ち合わせをしている、サンジェルマン・デ・プレの完璧なレディたち。モンマルトルに住むさまざまなアーティストやマレの通りをヴェスパに乗って駆け抜ける女性たち。彼女たちのシックでモダンな装いも忘れてはだめ。

パリに住み、その後もパリを何度も訪れてきた今、私はそこで学んだことをすべて、あなたとシェアしたいと思って、この本を書いているの。私と一緒にパリの女性たちの生活を見てみない？　彼女たちとさまざまなヴィンテージショップを訪れ、週末にはパリ近くのぶどう畑へ小旅行に出かけるの。彼女たちの美の秘密を共有し、本当のパリジェンヌだけが見つけ方を知っている、美しくて貴重な秘密のものについて学びましょう。あなたがパリへの旅を計画しているところでも、旅することをリビングルームで夢見ていたとしても、パリジェンヌのように暮らしたいと熱望しているだけだとしても、それぞれ方法をこの本で見せたいと思っているわ。

VI

CHAPTER 1

TROCADÉRO

トロカデロ

パリ16区のトロカデロは1つの世界で、裕福なエリートたちが集うエリア。広い並木道には、オートクチュールの店や高級フレンチレストランが軒を連ねている。フランスのブルジョア流シックの見本みたいなトロカデロの女性たちは、デザイナーズブティックのオープニングセレモニーに出席し、エレガントなオートクチュールのブティックの前を通って職場に向かう。彼女たちはドラマ「SEX AND THE CITY」でキャリー・ブラッドショーが彼氏のアレキサンドル・ペトロフスキーと泊まったホテル・プラザ・アテネ・パリでよくお茶をしてたりもするの。

彼女たちのクローゼットには高級ブランドの服がぎっしり。日中は「ランバン」か「アーデム」のドレスに「ヴァネッサ・ブリューノ」のタキシードブレザーを合わせて、自分のエレガントさを引き立てているわ。シックだけれど、ロックなムードでおしゃれをしたい気分なら、「バルマン」のアーミージャケットにテーパードパンツを組み合わせるか、「ジェイアール」のバイアスカットのミニスカートを着ている。正装しなくてはいけないパーティーに行くときには、「サンローラン」のドレス以外の選択肢はありえない。

赤いソールで有名な「クリスチャン・ルブタン」のピンヒールは、彼女のワードローブのマストアイテム。彼女の家——代々受け継がれてきた、19世紀に建てられた邸宅——のクローゼットには必ずあるラインね。彼女のハンドバッグのコレクションには素晴らしくラグジュアリーなもの、例えば「ジバンシイ」や「セリーヌ」「サンローラン」が揃っているはず。色は赤や黒、ネイビー、ブラウンのようなクラシックなものね。彼女の母親が新しい服を買うときに娘と一緒に向かうのは「ガイラローシュ」と「ニナリッチ」。その後２人でフォーシーズンズホテル・ジョルジュ・サンク・パリでランチをしているの。

彼女は服だけでなくライフスタイルもラグジュアリー。週末にはトロカデロ庭園の近くにあるカフェの「カレット」でブランチをして、そのあと高級住宅街の中にあるモンソー公園を散歩しているのを発見するはず。この近くにあるクールセル通りには昔、作家のコレットやプルーストが住んでいたの。シャンパンを飲んで育った彼女は、パリの近くにあるシャンパンの本場エペルネのアヴェニュー・ドゥ・シャンパーニュに行って、その通りに並んでいるグランメゾンのカーヴでテイスティングを度々楽しんでいる。

彼女の家の近所にはパリで最も有名なカップルが住んでいる（26ページ）。猫のファラオンとクレオパトラよ。このバーミーズ猫のカップルは「ホテル・ル・ブリストル」に住んでいて、ゲストたちを出迎えている。トロカデロに住む女の子たちはときどきボーイフレンドと秘密の場所に出かけて、塀の上に座って持ってきたシャンパンを飲みながら、エッフェル塔のイルミネーションを眺めることがあるけれど、そのことを彼女は絶対に認めない。車も通らない、写真を撮る観光客もいないその場所で、２人だけの静かなパリの夕べを楽しんでいるわ。

彼女がシャンゼリゼ通りに足を踏み入れるのは次の３つのことが発生したときだけ。他の薬局が開いていない日曜日に、どうしても必要なものが出てきてしまったとき。友達と映画に行くとき。そして「ビオロジック・ルシェルシュ」で大好きなフェイシャルエステを受けるとき。

Dior

黄金の三角地帯

この地区には通称「黄金の三角地帯」があるの。モンテーニュ通り、ジョルジュ・サンク通り、シャンゼリゼ通りに囲まれている一帯で、素敵なブティックやカフェが見つかるわよ。

Artcurial
アートキュリアル
7, Rond Point Des Champs-Élysées

パリで最大のアート関連書籍のコレクションを持つ美しい邸宅。1万8000冊の蔵書があって、美術館やカフェ、オークションハウスも併設されている。オークションのスケジュールをチェックして、トロカデロの女性たちがアート作品や誰かが遺したヴィンテージのジュエリーを競り落とす様子を生で体験してみて。

Céline
セリーヌ
53, Avenue Montaigne

もともとは既製服のブランド。でも最近ではラゲッジトートやトラペーズバッグが人気で、ハンドバック市場で力を発揮しているわ。

Christian Dior
クリスチャン ディオール
30, Avenue Montaigne

ここは「ディオール」のアトリエで、ブランド初のブティック。ファッションの歴史が詰まった場所よ。1947年に「ニュールック」を発表したのも、ゴダールの映画『勝手にしやがれ』でジーン・セバーグがうっとりしながら覗き込んでいたのもここ。ドラマ「SEX AND THE CITY」の最後のエピソードでキャリー・ブラッドショーが転んだのもこのお店なの。

L'avenue
ラヴェニュー
41, Avenue Montaigne

ファッション業界の大物たちがこぞってパワーランチをするレストラン、店の外のテラスではリラックスしたパリジャンが日差しを浴びながら食事を楽しんでいる。ジェイ・Zやビヨンセなど有名セレブも訪れるから注意して！　セレブが出没するだけではなくて、食事がとても美味しいのもポイント。

Montaigne Market
モンテーニュ・マーケット
57, Avenue Montaigne

このコンセプトブティックにはデザイナーたちの最旬のコレクションが集まっている。レディースもメンズも揃っているわ。才能のあるアップカミングなデザイナーたちがヨーロッパに進出できるよう支援していることで有名。新しいデザイナージーンズ、体にパーフェクトにフィットするTシャツ、他では見つからないシックなドレスを探している女の子たちが最初に行く店よ。

Hôtel Plaza Athénée

ホテル・プラザ・アテネ・パリ

25, Avenue Montaigne

宮殿のように豪華なホテル。トレードマークの赤い日よけと全部の窓辺に飾られた赤い花、窓から見える素晴らしいエッフェル塔があなたを迎えてくれるわ。午後のショッピングの合間に女の子たちはお茶かワインを求めてテラスにある、ここのカフェに立ち寄るの。特別なイヴェントのときには、有名シェフのアラン・デュカスの三ツ星レストランで素晴らしい料理を楽しんでいるわ。

Louis Vitton

ルイ・ヴィトン

22, Avenue Montaigne

パリジャンたちはシャンゼリゼ通りにあるフラッグシップショップには行かないの。旅行者たちでいっぱいだから。その代わりに比較的静かなモンテーニュ通りにあるショップで服やハンドバッグ、レザーグッズを探しているのよ。

Le Stresa

ル・ストレーザ

7, Rue Chambiges

イタリア出身の６人の兄弟たちが経営しているトラットリア。パスタとシーフードはパリのシックなソーシャライトや映画業界人たちの御用達よ。

Givency

ジバンシイ

3, Avenue George V

クリエイティヴ・ディレクターのリカルド・ティッシがゴシックテイストとシックなモダニズムを吹き込んで、このメゾンを甦らせた。トロカデロの女性たちは、彼の作る既製服とシグネチャーアクセサリーを心から愛しているわ。

Jamie Chung,

ジェイミー・チャン

女優、「WHATTHECHUNG.COM」の創始者

　訪れるたびに、ますますパリに恋してしまう。パリでもニューヨークにいるときと同じようにイヤフォンをして散歩をしているわ。河沿いを歩き、恋人たちが南京錠をかけて愛を誓うポンデザールを渡ってパリ植物園を突っ切ったら、エッフェル搭の下を歩く。いつも適当に選んだカフェに入ってカフェラテを頼み、人を観察しているわ。何時間でもそうやって過ごしていられる。パリに来たら欠かせないのは、シャンゼリゼ通りでのショッピング。つまりシックなアクセサリー１つに大散財してしまうこともあるということよ！

LA MAISON DU CHOCOLAT
LA MAISON DU CHOCOLAT

LA MAISON DU CHOCOLAT
LA MAISON DU CHOCOLAT

Balenciaga
バレンシアガ
10, Avenue George V

トロカデロの女の子の大好きな、ロックの魅力あふれる店。ハンドバッグやブーツ、レザーのジャケットやカシミアのセーターまで、バイクにインスパイアされたデザインのものが見つかるはずよ。

Maison de la Truffe
メゾン・ドゥ・ラ・トリュフ
14, Rue Marbeuf

食べ物に関して言えば、クリームソースのリングイネやカレイの上に削って散らしたフレッシュなトリュフ――白でも黒でも――以上に贅沢な食材はない。トロカデロのレディたちはこのレストランでランチをしたり、友達の引越し祝いのパーティーのお土産用に美味しいトリュフを探したりしているわ。

La Maison du Chocolate
ラ・メゾン・デュ・ショコラ
52, Rue Francois ler

チョコレートに恋い焦がれたときにパリの女性たちが訪れるのは、まずこの店。魅力的な選択肢がずらりと並んでいるけれど、最後はやっぱりココアパウダーをまぶしたクリーミーで濃厚なダークチョコレートのトリュフに彼女たちは戻ってしまうのよ。

Balmain
バルマン
44, Rue Francois ler

フランス人女性が一番シックに見えるのは「バルマン」のドレスとアーミージャケットを合わせているとき。クリエイティヴ・ディレクターのオリヴィエ・ルスタンは若くして、侮れない力を備えていることを証明してみせたわ。

Courrèges
クレージュ
40, Rue François ler

近未来的な設計のこの店がオープンしたのは 1965 年。それ以来、シグネチャーコレクションのミニスカートとシフトワンピースを売り続けているわ。

La Maison de L'aubrac
ラ・メゾン・ドゥ・ロブラック
37, Rue Marbeuf

遅いディナーのときにはここに来てみて。夜更かし派のパリジャンやシェフたちの集まるレストランで、ステーキが有名。オーブラック地方でオーナーの一族が経営している畜産農場から高品質の牛肉を仕入れているのよ。

Wolford
ウォルフォード
39, Rue Marbeuf

ここでトロカデロの女性たちはセクシーなタイツや補正下着、ボディスーツを手に入れている。パリジェンヌはみんな、体型を隠さず、自分のスタイルの一番素敵なところを強調しているわ。

A WORTHY SPLURGE

賢く贅沢

私のささやかなブランドバッグのコレクションの中で、最初に私のところに来たのはワン＆オンリーのブランド、「シャネル」のものだった。友達何人かが集まって、誕生日プレゼントとして贈ってくれたの。そのバッグを受け取ったことは、私の洋服人生の中でも重要な出来事。それが単なる「アイテム」にすぎないことはわかっている。でもそれはやっぱり特別で、これから先も私はずっとこのバッグを愛し続けるはず。こんな美しいバッグを作るのには熟練した女性たちが必要よ。レザーとメタルを編んで作ったストラップは彼女たちの腕にかかっているの。女の子にとって最初のシャネルは、初恋よりも記憶に残っているっていう冗談を私はときどき言うことがあるけれど、私とシャネルのネイビーブルーのサッチェルはまさにそういう関係。

多くのフランスの女性たちは高いバッグを頻繁には買わない。1年中持つことのできる、時代に左右されない形と色のハンドバッグにお金をかけ、小さなコレクションを作っていくの。

でもトロカデロの女性なら、流行の形やシルエットのバッグを買うはず。ただコバルトブルーやバーガンディ、ゴールドのパイソン柄のものは選ばない。そのかわりに手に取るのは無地のナチュラルブラウンや黒、ネイビー、もしくは赤のもの。パリの女性たちはどの今、旬のバッグのうちどれが時代を超えた新たな逸品になるか予測するのが上手よ。例えば「ジバンシイ」のアンティゴナ、「セリーヌ」のトラペーズトート、「サンローラン」のサック・ド・ジュールがそう。こういうバッグはとても今っぽいけれど、ほんの数年経てば古典的なワードローブの仲間入りを果たすでしょう。

デザイナーズブランドのものを買うとき友達のヘレナが基準にしているのは「1回の出番当たりのコスト」。この言葉は彼女の素敵なライフスタイルブログ「Broolyn Bronde」にもよく出てくるわ。着ているうちにボロボロになったり

流行遅れになったりする安いものよりも、より多くの機会に着られるクラシックなアイテムに、お金をかけることを厭わない。これは洋服やバッグに散財するときに考えるべき、重要なアドヴァイスよね。

ラグジュアリーなバッグは毎日持つものではない。だからと言って年に数回、特別なときにだけしか持ってはいけないというものでもないの。ここでポイントとなるのは何でしょう？　デートに出かけたり、女の子の友達とディナーに行ったりするときに“彼女”――そのバッグ――も連れていってあげれば、もっとたくさん“彼女”と楽しく過ごすことができるということ。彼女のことは大切にしてあげて。でも棚に飾りっぱなしにしておくために、存在しているわけではないっていうことも覚えておいてね。

METRO

Fondation Pierre Bergé, Yves St Laurent

ピエール・ベルジェ
&イヴ・サンローラン財団
5, Avenue Marceau

イヴ・サンローランのパートナーだったピエール・ベルジェが、サンローランのかつての店舗とアトリエを美術館、ライブラリー、展示場へと生まれ変わらせたの。ここには5000着からなるクチュールコレクションや15000点以上のアクセサリーがアーカイヴとして残っているのよ。サンローランの人生とコレクションを見るのは、うっとりするような優雅な旅そのもの。

Palais Galliera Fashion Museum

パリ市立 ガリエラ美術館・モード
&コスチューム博物館
10, Avenue Pierre Ier de Serbie

この美術館では、18世紀から現代までの衣装やコスチュームデザインに関する企画展や特別展が開催されている。展覧会のオープニングの日には、19世紀に作られた庭園でパリのファッショニスタたちを見ることができるわ。

Palais de Tokyo

パレ・ドゥ・トーキョー
13, Avenue du Président Wilson

この美術館はアール・ヌーヴォの宮殿。ここで開催されるアバンギャルドな現代美術の展覧会はアートと音楽、科学をミックスさせたものでパリジャンたちのお気に入り。この美術館に最近できたレストランのムッシュブルーでランチをしたり、夜遅くに友達とお酒を楽しんだりするときには、セーヌ川の美しい風景も眺めること。特に黄昏時は見事よ。

Maison Baccarat

バカラ美術館
11, Place des Etats-Unis

ギャラリーが併設されたフラッグシップショップで、フィリップ・スタルクが内装を手がけたの。クリスタルでできた巨大な家具とチェスセットはフランス版「不思議の国のアリス」の遊び場のよう。ここのレストランは特別なときのガールズランチに絶好のロケーション。ドレスアップしてみんなを驚かせるのを忘れないで。

Saint James Paris

セント・ジェームス・パリ
43, Avenue Bugeaud

パリにいながら、でも現実逃避したいときにトロカデロのレディたちが出かけるホテル。パリで唯一のシャトーホテルよ。うっとりするような庭園でロゼのシャンパンを片手にブランチするとしても、ライブラリーバーでお茶するにしても、ゲランのスパで1日かけて自分を甘やかすとしても、これ以上ないほど贅沢な日になることは確実よ。

A BUBBLY DAY TRIP

シャンパン尽くしのプチ旅行

モンテーニュ通りで楽しむシャンパンボトル以上に素敵なものは？　答えはもちろんシャンパーニュ地方でテイスティングをして過ごす午後。トロカデロの女の子たちは贅沢な暮らしが大好きだし、グラスの中で弾けるシャンパン以上に素敵なものはないでしょう？　特に、シャンパンの本場エペルネのアヴェニュー・ドゥ・シャンパーニュにあるゴージャスな豪邸でゆっくり味わっているときは。パリから逃亡したくなった場合、シャンパンと素敵な食事が楽しめる場所として行き先の候補のトップに上がるのはエペルネ。彼女たちは電車で1時間半かけていくか、ときには車と運転手をチャーターして出かけているわ。友達に車を運転してもらうことは絶対にない。運転手に指名された人に退屈な思いをさせないためよ。

彼女たちが一番よく訪れるのは有名なシャンパンメゾン——モエ・エ・シャンドン、ペリエ・ジュエ、メルシエのカーヴ。こういったメゾンはアヴェニュー・ドゥ・シャンパーニュにプライヴェートな屋敷を持っていて、見学ツアーとテイスティングを行っているのよ。ブドウを栽培しているヴィンヤードや農家でもっと深く学びたいときには、グランクリュのシャンパンを作っているアベル・ジョバールやアルフレッド・トリタンに行っている。

モエ・エ・シャンドンは1年かけてセラーを改装したの。その結果、見学ツアーやテイスティングはこれまで以上に素晴らしいものになった。トロカデロのレディたちはバトラーがシャンパンを給仕してくれるVIPラウンジでくつろいでいるはずよ。

トロカデロの女性たちに与えられている、一番特別でユニークな経験、それはペリエ・ジュエ・メゾン・ベル・エポックのツアーね。ここはかつてペリエ一族が暮らしていた家で、現在は素晴らしい美術館になっているの。特別な顧客が一晩か二晩宿泊するゲストハウスとしても使われているわ。200点にも及ぶアール・ヌーヴォーの美術品からなるプライヴェートコレクションがあって、これはヨーロッパでも最大級のコレクション。見学ツアーに参加したときには、

Moët & Chandon
モエ・エ・シャンドン
20, Avenue de Champagne

Perrier-Jouët
ペリエ・ジュエ
26, Avenue de Champagne

Mercie
メルシエ
70, Avenue de Champagne

Nicolas Maillart
ニコラ・マイヤール
5, Rue de Villers, Ecueil

Penet-Chardonnet
プネ・シャルドネ
4, Rue Arthur Lallement, Verzy

美術館を見学することができるか聞いてみて。もしそのとき使われていなければ、ちょっぴり覗かせてくれるかも。

　ルブタンのヒールを履いたトロカデロのレディたちの真似をしたいけれど、1日のプランを練るのはパスしたい、というときにはワインバー「オーシャトー」のエキスパートにガイドしてもらいましょう。小さなツアーに参加すれば、パリ東部の美しい田園地方をドライヴしながら景色を楽しみ、エペルネの有名メゾンと、ランスの近くにあるプネ・シャルドネや、ニコラ・マイヤールのような家族経営のヴィンヤードの両方を訪れることができるわ。ランチのときやワイナリーの見学で見事なシャンパンを味わいながら、それが作られる工程を学んでみて。

ミシュランの星

このエリアの女性たちはエレガントなクチュールメゾンだけでなく、ミシュランの星付きレストランにも恵まれているの。この地区には、パリの他の地区にある星付きレストランを全部足したよりも多くの星付きレストランがある。ホテル・プラザ・アテネ・パリ、ホテル・ル・ブリストル・パリ、フォー・シーズンズ・ジョルジュ・サンクなど最高級ホテルのレストランの他に、家の近くにも素晴らしい料理を出してくれる店があるの。

L'Astrance アストランス *4, Rue Beethoven*

シェフのパスカル・バルボが生み出す、季節ごとのメニューの主役はフルーツと野菜たち。彼の作るフランス料理は独創的で気まぐれで、このお店に与えられた三ツ星以上に値するわ。

Restaurant Pierre Gagnaire ピエール・ガニェール *6, Rue Balzac*

シェフのピエール・ガニェールと彼の持つ三つの星が、ゲストを大胆な食の旅に連れ出してくれる。そこでは味、食感、色のコントラストが体験できるの。彼のコースでは最初に５皿から６皿の小さなプレートが一度に出されるの。そして彼のシグニチャーである“グランド（壮大なる）デザート”は……ただただ壮大よ。

Apicius アピシウス *20, Rue d'Artois*

ミシュランの二ツ星を持つシェフ、ジャン＝ピエール・ヴィガトは、19世紀に建てられた素敵なホテル・パルティキュリエで料理の腕を披露している。暖かい季節には庭で食事をすることができるわ。パリの中心地から何キロも離れた場所にいるような気分になるわよ。

Musée Jacquemart-André

ジャックマール＝アンドレ美術館

158, Boulevard Haussmann

この美術館で19世紀のブルジョアたちの生活をのぞいてみて。ここは1875年にエドゥアール・アンドレが、彼とその妻ネリー・ジャックマールのために建てた豪邸。現在は美術館になっていて、２人が世界中から集めた美術品を展示しているわ。この美術館の美術品に対する視線──宗教をテーマにしたコンサバティヴな作品と、淫らな意味が秘められた絵画や彫刻を並べて置いているところが私のお気に入り。

Caffè Burlot

カフェ・ビュルロ

9, Rue du Colisée

コスト兄弟の運営するイータリー（食堂）。ここでは1950年代のイタリアの自由なスピリットを感じてみて。新鮮でシンプルなイタリア料理に、シックでレトロな雰囲気が加わって完璧なものになっているわ。想像力を解き放てば、ドラマ「マッドメン」のドン・ドレイパーが通り過ぎるのが見えるはずよ。

Market

マーケット

15, Avenue Matignon

ジャン＝ジョルジュ・ヴォンゲリスティンがパリで最初にオープンしたレストラン。ここでは独創的なフュージョン料理がエレガントな、でもゴテゴテしすぎないあしらいで出されている。室内装飾はニュートラルな色合いでシンプルかつシック。そのおかげであらゆる要素が混じり合った、アジアンフレンチの食事がより輝いているわ。

Grand Palais

グラン・パレ国立ギャラリー

Petit Palais

プティ・パレ美術館

Avenue Winston-Churchill and Cours la Reine

ここはボザール様式で建てられたエキシビジョンホールと美術館で、1年にも及ぶ長い美術展が行われるの。コレクションのシーズンには最高のショーも開催されるわ。「シャネル」はここを驚くような劇場のような場所に変身させてきた。例えばスーパーマーケットにしたり、街を作って女性の権利を求める行進を見せたり、マーメイドたちが暮らす海中の世界を作ってきたの。グラン・パレもプティ・パレもガラスでできたアーチ型の天井と鉄の骨格が見事よ。夜遅くに食事がしたくなったこのエリアの女性たちは、プティ・パレにあるテラスのカフェで食事を楽しんでいるわ。

Les 110 de Taillevent
レ・サンディス・ド・タイユヴァン
195, Rue du Faubourg Saint-Honoré

ミシュランの星を持つタイユヴァンが経営するブラッセリー。貯蔵室にある 110 種類ものワインとのペアリングを専門としているの。それぞれの料理に合う、バラエティに富んだ価格のワイン 4 種類を選んで、さまざまなサイズのグラスで出してくれるのよ。ブールブランソースを添えたヒラメのムニエルは、2、3 人でシェアするのに十分な量。でも念のため言っておくけれどソースがとても美味しいから、最後の一口をみんなで奪い合うのは確実。

Les Caves Taillevent
レ・カーヴ・タイユヴァン
228, Rue du Faubourg Saint-Honoré

このワインショップで売っているのは、フランス産のワインとシャンパンだけ。このエリアのレディたちは土曜日の午後、この店にやってくると新しく入ったワインをテイスティングして、家にあるワインセラーを補充しているわ。

Marché aux Timbers
マルシェ・オ・タンブル
Champs-Élysées（シャンゼリゼのガブリエル通りとマリグニー通りの角）

ここは古い切手のマルシェ。ヴィンテージの切手を買ったり、交換したりすることができるの。週に数回開催されていて、50 年以上も続いている。マルシェを歩きながら、ケイリー・グラントとオードリー・ヘップバーンのいる『シャレード』のセットにタイムスリップしたような気分を味わって。

Hôtel Le Bristol
ホテル・ル・ブリストル
112, Rue du Faubourg Saint-Honoré

壮大で古風な宮殿のようなホテル。このエリアの女性たちが家族でアフタヌーンティをしたり、恋人と一緒にカクテルバーで静かな夜を過ごしたりしたいと思ったときに、まず選ぶのはここね。シェフのエリック・フレションによるガストロノミーが味わえる三ツ星レストラン、エピキュールか、地下 1 階にある一ツ星を持つ豪華なブラッセリー、114 フォーブルに行ってみて。コニャックアイスクリームを添えたチョコレートスフレは必ずオーダーすること。私がこれまで食べたチョコレートスフレの中で一番よ。このホテルにはパリで最も有名な猫のカップル、ファラオンとクレオパトラもいるの。彼らはここの住民でホテルの中をお散歩しているわ。もしこのホテルに寄ったら、私からよろしくって言っておいてね。

FIRST-CLASS SKIN CARE

ファーストクラスのスキンケア

一度だけ、パリへのフライトでファーストクラスにアップグレードされるという幸運に恵まれたことがあるの。しかもエールフランスのファーストクラスだったのよ。暖かな赤いブランケットにくるまっていると基礎化粧品が入ったおしゃれなキットを渡されて、私はそのとき初めて「ビオロジック・ルシェルシュ」のフェイスクリームを使ったの。パリに住む女の子の友達に教えてもらったけれど、それは単なるクリームとは違う。スキンケア界におけるドンペリニョンのプラチナと言われているのよ。

パリの女性たちが力を入れているのは、メイクよりもスキンケア。普段のメイクはシンプルで、自分らしさを表現する赤い口紅とマスカラをつけるだけ。パリジェンヌたちはアメリカの女性たちのように、マニキュアやペディキュアのような手入れにお金や時間を使うことはしないみたい。でもスキンケアの習慣やお手入れにはお金を使う。もちろん彼女たちだって、ドラッグストアにあるそれほど高くないものを買うこともあるわ。でもみんながびっくりするほどの美しい肌を作り、それを保つために必要なアイテムにお金がかかっても気にしない。彼女たちにとってそれは贅沢ではなくて、肌を常に生き生きと見せ、新鮮な気分でいるための必需品だから。

肌をきれいに見せるカギは、肌を健康にすることだと彼女たちはわかっている。だからこのエリアに住む女性たちは、季節ごとのフェイシャルを受けに「ビオロジック・ルシェルシュ」のスパに行っているの。チェーン店が連なるシャンゼリゼ通りに、彼女たちが澄ました顔で足を踏み入れるのはこのときだけ。でも驚くべきことではないわ。ヘルシーな顔色を手に入れるには、このブランドの製品をラインで使い、それぞれの肌に合った施術を受ける以上にいい方法はないから。

　このブランドの美の殿堂、「アンバサダード・ドゥ・ラ・ボーテ」は人目につかない中庭にある、贅沢で静かな場所。このブランドは包括的な美を目指すホリスティックビューティーを推進しているの。健康な肌を作るには３つの段階があると考えていて、予約して受ける施術でもこの３段階を実践しているの。最初はアセスメント（評価）。ここであなたの肌を診断し、最適なトリートメントはどんなものか、どの製品があなたの肌に一番合うのかを判定する。２つめはイニシアライゼーション（初期化）。ここでは彼らのシグネチャーアイテムであるP50ローションを使って、肌をクレンジングして再活性化に備える。最後の段階で美容液やクリームを使い、肌のコンディションを整えて強化するの。贅沢な午後をリラックスして過ごした後、トロカデロの女性たちは健康的で自然なツヤ肌になって帰っていくのよ。

Biologique Recherche
ビオロジック・ルシェルシュ
32, Avenue des Champs-Élysées

Hermès

エルメス

24, Rue du Faubourg Saint-Honoré

このフラッグシップショップは４つのフロアから構成されていて、ブランドの顔であるシルクのスカーフや、バーキンやケリーといったバッグ、レザーのカフス、そしてハンドメイドの鞍や小物などすべての乗馬用品まで揃っている。バーキンのバッグは注文してから６年も待たなくてはならないし、高いものだからそれを持って店から出てくることはなかなかできないでしょうけれど、美しいディスプレイに見とれることはできるはず。

Lanvin

ランバン

22, Rue du Faubourg Saint-Honoré

ランバンはパリで生まれ、今も続いている最も古いオートクチュールブランド。現代的なフレンチシックを受け継ぎ、それに常に誠実であり続けている。パーティードレス、楽しいコスチュームジュエリー、クラシックなバレエシューズ、装飾を施されたセーターが、クリエイティヴ・ディレクターのアルベール・エルバスの作る、ランバン・ルックを完全なものにしているわ（アルベール・エルバスは2015年10月にクリエイティヴ・ディレクターの退任を発表）。

CHAPTER 2

TUILERIES

チュイルリー

チュイルリーはトロカデロの東側にあたるセーヌ河沿いの地域のこと。パリに住んでいた頃、毎朝仕事に行くときコンコルド広場のメトロの出口を使っていたの。ここはパリでもっとも賑やかな広場の1つで、チュイルリーの女の子が主役の舞台。シャンゼリゼ通りの始まりでもあり、リヴォリ通りの終わりでもあるこの公園は2つの世界——パリの左岸（リヴ・ゴーシュ）と右岸（リヴ・ドワット）を結ぶ場所でもあるの。

この地域の中心はチュイルリー庭園。芝生は完璧に手入れされ、いい香りの花々が何列にも連なって咲いているこの公園は、パリで一般に開放されている中でもピクニックにぴったりの場所の1つ。おしゃれなチュイルリーの女性たちの歴史は17世紀、この庭園で始まった。当時もっともシックな女性たちが、この公園を散策するようになったの。

現在では、彼女たちがリヴォリ通りの回廊をそぞろ歩いたり、ヴァンドーム広場でダイヤモンドをウィンドウショッピングしたり、パレ・ロワイヤルの「カフェ・キツネ」で朝のカプチーノを買っているのが見られるわ。

チュイルリーの女の子たちはたぶん、「トロカデロの女の子を目指す見習い中の子」だと見られている。キャリアは発展途上で、彼女たちは「シャネル」で普通に買い物ができるようになりたいと思っている。でも今はファッションのメッカのそばに住めることがただ嬉しいの。カンボン通りにはシャネルのフラッグシップショップがあるわ。この店には壁面が鏡になっている有名な螺旋階段があって、最上階の部屋にかつてココ・シャネルが住んでいたの。サントノレ通りはチュイルリーの女の子にとってのニューヨークの５番街。たくさんのブランドショップがあって「ゴヤール」や「ランカスター・パリ」のような小物類の店が完璧なコレクションを用意している。気合いを入れたデートで「ホテル・コスト」のバーに行くとき、ぎりぎりになって服を買わなくてはならない場合はこの通りがぴったりよ。

チュイルリーの女の子たちにとっての完璧な朝の過ごし方は、バターをたっぷり使ったサクサクのクロワッサンと、世界的に有名な「アンジェリーナ」で買った贅沢なホットチョコレートを手にチュイルリー庭園でのんびりすること。典型的なパリ風の朝食を楽しんだ後は、オランジュリー美術館でゆっくり過ごし、有名なモネの「睡蓮」の壁画からインスピレーションをもらうの。朝の美術館には誰もいないから、壁画の前に座ってモネの生み出した美しい水彩色の調和を静かな気持ちで眺めることができるのよ。

FAUCHON
PARIS
CAVE - CHOCOLAT - ÉPICERIE FIN

Place de la Concorde

コンコルド広場

ヨーロッパでももっとも美しく大きな広場の1つ。18世紀には悪名高きギロチンがあって、私の大好きなマリー・アントワネットはここで命を絶たれたの。黄金のイルカやマーマンで飾られた噴水を見ると、映画『プラダを着た悪魔』でアン・ハサウェイが携帯電話をここに投げ捨てて、メリル・ストリープのもとを去るシーンを思い出すかも。この広場を通るとき、ほんの少しでいいから足を止めて眺めてみて。噴水や彫刻、中央にあるオベリスクは気高くて美しくて、私は必ず息を飲んでしまうの。

Place de la Madeleine

マドレーヌ寺院

カトリックの教会だけれど、見た目はまるでギリシャの神殿のよう。教会の横には花のマルシェやパリでも最高の食材を扱う店もあるわ。そうそう、大切なことを言い忘れていたけれど、ここにはパリの女性たちがトップシークレットにしている場所――パリで一番おしゃれな公衆トイレがあるの。花のマルシェと教会の入り口の間にある階段を降りたところに、アール・ヌーヴォ様式のトイレがあるのよ。タイルで作られた凝ったモザイクや彫刻が施された木の扉、ステンドグラスで飾られていて、個室には全部、建てられた時代の手洗い用シンクもついているのよ。

Ladurée

ラデュレ

16-18, Rue Royale

パリで一番特別なティーサロンにしてレストラン。パステル色の夢が見られるペストリーの天国よ。午前中の遅めの時間か午後には、チュイルリーの女の子がガールフレンドと一緒にお茶をしたり、マカロンをテイクアウトしたりしているのを観察して。あなたもきれいなキャンドルやお店自慢のマカロン、いろいろなスイーツや贅沢なペストリーを選んで、ラデュレのアイコンカラーであるミントグリーンのショッパーに入れてもらってね。家に帰ったときには、マカロンの入っていたパステルカラーのボックスもインテリアに使ってみて。旅のすてきな思い出が詰まったボックスは、メイク用のブラシやペンを立てておくのにぴったり。

Fauchon

フォション

24, Place de la Madeleine

ここはフォション生誕の地。さらにこの本の生誕地でもあるの。ある晴れた日の午後、ガールフレンドたちとショッピングをしているときのことよ。一生忘れられない電話がかかってきた。以前からフォションは私にとって大好きな店の1つで、ここのオペラケーキは絶対に食べるべき一品だと思っていた。でもこの日、店の入り口のすぐ外で友達のヘレナ、ケイコ、エリオットと一緒にいるときに、エージェントから電話を受けた。この瞬間は一生忘れないと思う。その電話がこの本を書くという私の夢を叶えてくれたの。

Lancaster Paris
ランカスター・パリ
422, Rue Saint-Honoré

私がこのブランドのハンドバッグのコレクションを知ったきっかけは、フランス版「Vogue」誌に載っていた、素敵な広告キャンペーンを見たこと。私の大好きなフォトグラファーの1人、ガイ・アロチが撮ったものだった。その写真には私たちが目指すような、シックで自信に満ちていて、クールな女性が映し出されていた。ここのハンドバッグのコレクションはパリの女性たちにとって、シーズンごとのマストハイアイテム。どれもトレンドを押さえているし、色もレザーの種類もいろいろ選ぶことができる。もちろん色は完璧だし、レザーもしなやかよ。値段も手頃なの。バケットタイプやサッチェル、私がお気に入りの、ベティ・オウティエがデザインした“ベティバッグ”——週に最低数回はランカスター・パリのバッグを持って出かけているわ。

& Other Stories
アンド・アザー・ストーリーズ
277, Rue Saint-Honoré

「H&M」の新ラインのお店で、もうすでに世界中で「クール!」と絶賛されている。シェイクスピアの「ロミオとジュリエット」から引用したセリフを表面に刻んだチークもあって、私はすっかりとりこ。洋服からアクセサリーまで幅広くデザインしていて、すべてを混ぜ合わせてスタイリングできるわ。ちょっぴり変わったドレスや、メンズのデザインにインスパイアされたオックスフォードシューズ、鮮やかな色のモッズのサングラス、素敵な香りのボディウォッシュとローションのセットまである。私はローズの香りが大好き。だからローズ・リヴァイヴァルという香りのアイテムを買わずに帰ってこられた試しがないわ。

Chanel
シャネル
31, Rue Cambon

フラッグシップショップでもあり、アトリエでもあり、ココ・シャネルのアパルトマンでもあった場所。ブランドのロゴを施したシェードが、あなたをシャネルの世界へと導いてくれるわ。傷一つないディスプレイには空気のようなシルク、クラシカルなツイード、柔らかなキルトレザーで作られたアイテムが飾られている。ハンドバッグを買うことはできなくても、店内に入ること。そしてリップグロスか香水を買って、あのモノトーンのショッパーを持って帰ってきて!

31
CHANEL
NEL
CH

TEA AT COCO'S

ココのアパルトマンでティータイムを

私の友達にはファッション業界で働いている人が多いけれど、ファッションウィークの時期にいつもパリに行くラッキーな人はその中の数人ほど。数年前の７月、私はその１人にくっついてパリに行くことを決めたの。ショーを見るためではなくて、ただパリにいる女の子の友達たちと遊ぼうと思って。パリに出発するフライトの数日前にかかってきた電話は一生忘れられない。先に行っていたペニーが「シャネル」でのミーティングを終えてかけてきたの。彼女は私に特別なイヴェントで着る特別な洋服を持ってきて、って言った。ココ・シャネルのアパルトマンでお茶をするからって。ココのアパルトマンでお茶!?　ただの洋服ではだめよね。当然リトルブラックドレスでなくては。リトルブラックドレスを考え出したのはココではないけれど、ファッション史に残るものにしたのは彼女よ。1920年代に「Vogue」誌が彼女のドレスを「新しい現代女性のユニフォーム」と賞賛したの。晴れた日の午後、私は黒いシルクで作られネックラインにレースをあしらったキャップスリーブの「レベッカ・テイラー」のドレスに、ピンクの「マックスマーラ」のバレエシューズとネイビーの「シャネル」のバッグを合わせて行った。もちろん「マックスマーラ」がイタリアのブランドだってことはわかっている。でもあの靴を見たら、あなたもこれが理想の選択だった理由がわかるはずよ。パステルすぎず、派手すぎず、完璧なピンクでこれならココも認めてくれたと思うわ。

カンボン通り21番地のフラッグシップショップに入った瞬間から最後まで、すべてが魔法を超えていた。私たちはあの有名な鏡張りの螺旋階段を上り、アトリエとオフィスの前を通ってココのアパルトマンに入ったわ。部屋は２階にあって、インテリアはオリエンタル調だった。でも実際にココがこの部屋で夜を過ごすことはなかったの。女性はプライヴェートな生活を誰にも見せるべきではないとココは信じていた。だからみんなに内緒で、通りを挟んで向かい側にあるホテル・リッツのペントハウスに住んでいたのよ。ヴァンドーム広場を見下ろす彼女のスイートは、ハイレートだけれど、今でも予約できるわ。

ペニーと私が「マリアージュ・フレール」の紅茶と「シャネル」のロゴの入ったお皿に乗せられた「ピエール・エルメ」のマカロンを楽しんでいる間、シャネルのヒストリアンはココの部屋のインテリアやアパルトマンにある装飾品の込み入った細部についてまで教えてくれた。尊敬し崇拝している女性の生き方はもちろん、彼女の理想や暮らし方まで詳しく知ることができたのは本当に嬉しかったわ。一生大切にしたい経験よ。こんなに素敵なパリでのひとときを私にくれたペニーには、これから先もずっと感謝し続けると思う。

ココ・シャネルは自立した女性にとって重要で、必要なものは何かを考えながらデザインしていたの。例えばハンドバッグ。彼女は、ある特定のとき専用のポケットをつけていた。フラップバッグの背面に付いている小さなポケットは、お金を入れておくためのもの。ここに入れておけば素早く、目立たずに運転手やホテルのボーイ長にチップを渡すことができるの。私が気に入っているのはバッグの内側についている秘密のポケット。ここに彼女は男性からもらったラヴレターを隠していたのよ。

この「シャネル」のフラッグシップショップは彼女の人生、そして現在のコレクションやファッションショー、広告キャンペーンに使われている貴重なインテリアアイテムのすべてを保存するという意義のある仕事をしているの。リビングルームのサイドテーブルに置かれた小さな鳥かご——これは 1992 年、ヴァネッサ・パラディを起用した香水“ココ”のキャンペーンにインスピレーションを与えたもの——からブランドのシグネチャーである腕時計プルミエール——これはヴァンドーム広場にあるシャネルの家の形を基にデザインされた——と同じ形のものまでココ・シャネルの精神を後世の人が経験できるよう、生きたまま残しているの。

Arielle Kebbel,

アリエル・ケベル

女優

私がパリで好きなのは、パリジャンたちの発している情熱。最高の思い出の1つはちょうどニュイ・ブランシュ（白夜祭）の日にパリに到着したときのこと。「今日はみんなが一晩中起きている日なんだよ！」って言われたの。美術館は朝の3時や4時まで開いていた。信じて欲しいのは、3時でも行列ができていたことよ！　パリジャンたちは通りでお酒を飲んだり笑ったり、楽しそうに気ままにあちこち歩きまわったりしていた。その雰囲気に溶け込むことに解放感を覚えたし、夢中になった。1日の締めくくりにはホテル・コストでディナーをするのが大好き。もちろん値段は高いわ。でもその価値はある。もしあなたが特にラッキーで、レストランの上にあるこのホテルの部屋に宿泊しているなら絶対に行って。

Pierre Hermé

ピエール・エルメ

4, Rue Cambon

私の友人でブログ「BelleAboutTown」を主宰しているベリンダは、この店で私のマカロンの味わい方を根底から変えてくれた。彼女が言うにはピエール・エルメのマカロンは香水と同じで、特徴的なノートを持っているんですって。一口食べた瞬間、まったく違う3つのフレーバー――トップノート、ミドルノート、そしてエンドノートに気がつくだろう、って。彼女の説明は鮮やかだし、的を射ているわ。彼女の分析で、この店のさっくりとしてクリーミーなマカロンを一口食べ味わうやり方が完全に変わった。パリに次に行ったときにはチョコレートやフォアグラ、パッションフルーツやローズのようなユニークなフレーバーのエルメのマカロンを、彼女の言うように味わってみて。

Hotel Costes

ホテル・コスト

239, Rue Saint-Honoré

チュイルリーの女の子たちが選ぶ金曜日の夜の素敵なデートプランは、ホテル・コストでカクテルを飲むこと。テラスでまず飲む1杯のシャンパンで夜が始まるの。その後、2人はセクシーで薄暗い、人目につかない席に移動して親密なときを過ごすのよ。

Vanessa Bruno

ヴァネッサ・ブリューノ

12, Rue des Castiglione

彼女のコレクションを説明するのには“脱力したフレンチシック”という言葉がぴったり。夜も昼も着られるドレープのあるシルクのドレス、大きめサイズのカーディガン、そしてこのブランドのトレードマークであるスパンコールで縁取りしたトートバッグがここに揃っているわ。いつもすべてが洗練されていて、同時にちょっぴりラフな感じなの。

Goyard
ゴヤール
233 and 352, Rue Saint-Honoré

有名なロゴの入ったトランクが店の外に積み重ねられているから、この店を見逃すことはないはず。1992 年にあの有名なパッチワークのようなデザインが生まれたの。それ以来、コレクションが増え、今ではスーツケースから旅行鞄、ハンドバッグ、ブリーフケース、ペットのアクセサリーまである。私はここで昔のクライアントの情報が保管してあるキャビネットを見て過ごすのが好き。そこにはエディット・ピアフ、ココ・シャネル、サラ・ベルナールやロックフェラー一族、グリマルディ一族や他にもたくさんのセレブリティたちが買ったものがすべて記されているのよ。

Place Vendôme
ヴァンドーム広場

この美しい広場は八角形をしていて（スクエア＜広場＞だけどスクエア＜四角＞ではないの）、パリで最も豪華な場所。歴史に満ちたホテル・リッツ・パリ（このホテルの壁が話せたら……と思うわ）や高級住宅街があって、贅沢な買い物ができる場所でもある。このエリアの女の子は「ヴァン・クリーフ＆アーペル」や宝石を扱っている「シャネル」の店舗、「カルティエ」や「ブルガリ」のショーウィンドウを覗き込んでいる。でもウィンドウショッピングで終わらない日が彼女たちには来るはず。そして彼女のコレクションにここのダイヤモンドが加わるの。

Pierre Bardoza
ピエール・バルボーザ
356, Rue Saint-Honoré

1920 年代から続くアンティークジュエリーの店。1800 年代中期に作られた貴重なアイテムも売っているわ。真珠があしらわれていて今も輝きを放っているの。先祖代々伝わるアクセサリーに新しい石を入れて甦らせることもしてくれるのよ。

La Corte
ラ・コルテ
320, Rue Saint-Honoré

石畳の路地を入っていくと、中庭でこのエリアの女の子たちがイタリアの家庭料理を楽しんでいるのを発見するはず。このレストランのオーナーは、まるで子供の頃からの知り合いみたいにアットホームな気持ちにさせてくれるわ。

The Ritz Paris

ホテル・リッツ・パリ

15, Place Vendôme

真のパリのランドマーク。3年間かかった大きな改修がちょうど終わったところよ。宮殿のようなこのホテルは、ココ・シャネルが約30年間暮らしただけでなく、ジョルジュ・サンドや、スコット＆ゼルダ・フィッツジェラルド夫妻が一時期「家」と呼んでいた場所でもあるの。作家のヘミングウェイは自分宛の手紙がこのホテルに届くようにしていた。そして「バー・ヘミングウェイ」でお気に入りのシングルモルトウィスキーを飲みながら、その手紙を読んだのよ。

Annik Goutal

アニック・グタール

14, Rue de Castiglione

ここの香水は感情にインスピレーションを得て生まれたものなの。あなたが香水を吹き付けるたび、あなた自身の、そしてあなたのそばにいる人の感覚を呼び覚ますことが、ここの香水たちの望み。香りもボトルもとてもフェミニンで、うっとりするようなものばかり。そしてとてもパリっぽいの。私のお気に入りの1つはローズスプレンディド。バラ園を散歩した記憶が甦る香りよ。

Angelina

アンジェリーナ

226, Rue de Rivoli

このティールームは「パリで最高のホットチョコレートを出す店」という肩書きを持っているけれど、その通り。ある人は「世界最高」ともいうホットチョコレート、チョコレート・アフリカンは4種類のココアビーンズを使い、濃厚でクリーミーで豊かな味に仕上げられているの。甘さも完璧よ。ケーキもたくさんあるけれど、ホットチョコレートと一緒に楽しむのなら、お勧めは同じくこの店の名物のモンブラン。メレンゲの上に乗せられたホイップクリームのフィリングはまるで天国のようよ。その上にマロンのペーストが絞られている。店内でお茶する人が長い列を作っているとき、このエリアの女の子たちはホットチョコレートをテイクアウトして、それを味わいながらパリの庭園を散歩しているわ。

Maison Francis Kurkgjian

メゾン・フランシス・クルジャン

5, Rue d'Alger

調香師のフランシス・クルジャンは、他の香水店にはない独自の香りを作っている。その香りはそれぞれのストーリーを持っているの。香水に関する彼の説明は、香りそのもののように夢心地にさせてくれる。「香水とは単なる香りではありません。それはシルエットであり、あなたが通り過ぎた痕跡であり、あなたの服に残る足跡なのです。そして他の人に与える、あなた自身の一部でもあるのです」。これは私が望む生き方そのものよ。

FINDING YOUR SIGNATURE SCENT

あなたらしい香りを探して

フランス人は自分のシグニチャーとなる香りに何を選ぶかが、その人の多くを物語ると信じている。私が本当の意味で訴えかけてこない香水にこれまで散財してしまったことは確か。高校生のときに、CK ONEのボトルがなくては生きていけなかったときを除いて、私が本当に魅力を感じる香水はほとんどなかった。でもそれもパリジェンヌの友達がシグニチャーとなる香りを見つける大切さを教えてくれるまでのこと。香水は彼女たちがお金をつぎ込む美容アイテムの1つなの。彼女たちは香水の選択がとても個人的なものだと思っている。だから香りに関しては多少、縄張り意識を持っていて秘密主義なの。たとえ友達であっても香りを共有したいとは思っていない。彼女たちは、自分だけの香りで自分を印象づけたいと思っているの（「シャネル」のNo.5のようなクラシックな香りもときどきつけるみたいだけれど）。

フランスの女性たちは少女時代に自分の好きな香りを選び、それを首筋や手首につけることを教わる。つけるのを忘れてはならないのは膝の後ろ。大人になるにつれ、香水の最大の目的は相手に印象を残し、誘惑することだと知るようになる。香りは繊細にも力強くもなり得るものよ。香りから、おばあちゃんの家の近くのラベンダーの草原を歩き回って過ごしたり、夏休みに海に行ったりした、楽しい記憶が思い出されることすらあるわ。

自分のシグニチャーの香りを選ぶとき、私は途方に暮れてしまった。だから友達のパリジェンヌに、どの店に行って選ぶのがいいかアドヴァイスしてもらったの。チュイルリーの女の子たちは香水の聖地に住んでいるの。有名なブランドだけではなくて、本当に本当に小さな香水店もみんな、このエリアに店を

出しているの。みんながリストのトップにあげたのは、本物のパリジェンヌのための香りを作っている「アニック・グタール」と、もう少し大胆でユニークな香りを生み出す「メゾン・フランシス・クルジャン」だった。

ある日の午後、私は恋人と一緒に香りを探しに出かけたの。彼にはシグニチャーになるコロン、私にもシグニチャーでなくても何か香りが見つかるはずだった。たくさんの店を訪れ、候補となる多くの素敵な香りに出会ったわ。選ぶのは本当に大変だった。いつものようにパリジェンヌの友達は正しかったわ。「アニック・グタール」と「メゾン・フランシス・クルジャン」は一番いい店だった。作っている香りはまったく違うけれど、細かい部分にまで気をくばっていること、店を訪れた人を特別な気持ちにさせてくれるところは同じだった。彼らが作り出しているもの、香りだけでなくパッケージのデザイン、店の雰囲気までまったく完璧だったわ。

たくさんのムエットが手元に集まった後、最終決定を下した私たちは店に買いに戻った。彼が選んだのは「メゾン・フランシス・クルジャン」のアミリス。森のような香りに世界中から集められたエキゾチックなスパイスの香気が混ざり合い、彼にぴったりだった。私は１つに決められず、結局、「アニック・グタール」と「メゾン・フランシス・クルジャン」の両方のショッパーを持って帰ってきたわ。私が選んだ香水？　それは永遠の秘密ね。

チュイルリーに来たときに行ってみてほしい他のフレグランスメゾンはここよ。

Serge Lutens
セルジュ・ルタンス
142, Galarie de Valois in Palais Royal

Jovoy
ジョヴォイ
4, Rue de Castiglione

Frederic Malle
フレデリック・マル
21, Rue Du Mont Thabor

マルシェ・サントノレのスポット

賑やかなサントノレ通りからそんなに離れていないけれど静かな広場。テラスのあるカフェがたくさんあって、パリジャンたちが仕事の後にハッピーアワーを楽しんでいるわ。

チュイルリーの女の子のお気に入りのお店はここ

L'Absinthe ラブサント　*24, Place du Marché Saint-Honoré*

ミシュランの二ツ星を獲得しているシェフ、ミッシェル・ロスタングのビストロ。入りやすい店よ。

Fuxia フューシャ　*42, Place du Marché Saint-Honoré*

パスタとサラダが絶品。オリジナルのスプレータイプのオリーブオイルとワインも売っているの。

Le Pain Quotidien ル・パン・コティディアン

18, Place du Marché Saint-Honoré

このエリアの女の子たちもベルギー生まれのベーカリー兼イータリーに行くの。健康的でしかも美味しい食べ物をテイクアウトしているわ。私が手早くヘルシーな朝食を食べたり、日曜日に食事をとったりするときに行く、お気に入りのスポットの１つ。

Colette

コレット

213, Rue Saint-Honoré

世界初のコンセプトショップの１つ。頻繁に変わるウィンドウのインスタレーション（最近だと「コーチ」とゲイリー・ベースマンのコラボレーションが私のお気に入り）、世界的に有名なストリートアーティストによる作品、独特なライフスタイルとファッションのコラボレーションで有名。マリー・マロの帽子やアクセサリー、ニューヨーカーのアーロン・スターンの写真集、そして私がいつか手に入れたいと夢見ている、「オフィラ・ジュエルズ」のダイヤモンドのバングルを手に取ってみて。

L'ecume Saint Honoré

レキューム・サントノレ

6, Rue Saint-Honoré

チュイルリーの中心部にあるこぢんまりしたオイスターショップ。テイクアウトもできるけれど、オーダーするとその場で牡蠣の殻を開けてくれるから、店でワインを片手に味わうこともできるの。

Astier de Vilatte

アスティエ・ドゥ・ヴィラット

173, Rue Saint-Honoré

トレードマークの真っ白のセラミックの食器とフレグランスキャンドルでいっぱいの、個性的なお店。まるで人の入れる宝箱みたい。すべて手作業で成形して釉薬をかけているから、２つとして同じ製品はないのよ。

Louvre
ルーヴル美術館

ルーヴル美術館のことを語らずにパリについて本が書けるとは思っていない。ここはかつてのフランスの王宮で、収蔵されている 35,000 点もの美術品だけでなく、建物そのものも本当に素晴らしいの。中世の要塞がまだ残っていて、ナポレオン 3 世の暮らした王室の住居もある。1000 人にも及ぶ監視員たちは以前、バレンシアガのとても素敵な制服を着ていたのよ。多くの観光客が訪れる場所だけれど、パリジャンたちがよく遊びに行くスポットでもあるの。彼らは日曜日の朝、ここを散歩するのが大好き。このエリアに住む女の子から教えてもらった秘密があるの。いつも殺人的に混雑しているガラスのピラミッドのメインエントランスを避けるための方法よ。パリジャンたちはメトロの駅から直通の入り口か、王宮の南西に位置するポルト・デ・リヨンから入るんですって。

美術品の中でも私の好きな作品はこちら。フェミニンな気持ちにしてくれるのよ。

1. フランス王家のクラウン・ジュエル
2. ナポレオン３世の居室
3. 「アモルの接吻で蘇るプシュケ」アントニオ・カノーヴァ
4. 「ナポレオン一世の戴冠式」ジャック＝ルイ・ダヴィッド
5. 「レースを編む女」ヨハネス・フェルメール
6. 「ディアナの水浴」フランソワ・ブーシェ
7. 「オダリスク」ジャン＝オーギュスト＝ドミニック・アングル
8. 「レカミエ夫人」ジャック＝ルイ・ダヴィッド
9. 「サモトラケのニケ」

Le Café Marly

ル・カフェ・マルリー

93, Rue de Rivoli

パリで一番おしゃれに外で食事を楽しめるカフェの１つ。ランチにもディナーにも、シャンパンを一杯飲むだけのときにもぴったり。なぜならルーブル美術館の回廊にあるから。雨でも晴れでも外に座って、王宮の厳かな風景を眺めることができるのよ。

Jardin des Tuileries

チュイルリー庭園

Palace de Concorde

多くのパリジャンたちに占拠されている庭園。美しい花やカフェを楽しみ、本を読んだり日光浴のできるラウンジの椅子で過ごしたりしているわ。コンコルド広場にある公園の入り口の中央には観覧車がある。冬の間は閉まっているけれど、夏になるとリヴォリ通りの北側に沿ってカーニバルの乗り物やゲームが並んで遊園地になるのよ。

　チュイルリー庭園の南西部分にあるのがオランジュリー美術館。ここには息を飲むようなモネの壁画「睡蓮」があるの。この美術館は１人で訪ねて、その部屋の中央に置かれたベンチに座って絵をじっくり眺めてみて。近寄ったときと遠く離れたときとでは、睡蓮の見え方が変わるはず。宝石のような花々の色合いは魔法のようよ。

A FRENCH COUNTRY HOUSE

フランスのカントリーハウス

街から離れて1日をのんびり過ごしたい、でもそんなに遠くまでは出かけたくないとき、チュイルリーの女の子たちは友達と集まってヴェルサイユ宮殿に向かう。美しく手入れされた芝生でピクニックしながら大昔にタイムトリップして、マリー・アントワネットや宮中の女性たちと宝石やファッションについておしゃべりしているシーンを想像するのがお気に入りなの。

彼女たちはコルク抜き、食べ物やプラスチックのナイフやカップを入れるキャンバス地のトートバッグ、ピクニック用のブランケットの代わりになる巻きスカートなど、ピクニックに必要なものを集め、家を出発する。駅に行く途中で、電車の中で食べる朝食用にバターをたっぷり使ったクロワッサンと、宮殿の芝の上でのピクニックするときに食べるパンとチーズ、ハム、ピリっとした味わいのシャルドネのボトルを何本か入手するの。あなたも同じように、ヴェルサイユ宮殿の周囲を散歩し、大水路でボートを借りてマリー・アントワネットの隠れ家だった小トリアノン宮殿まで漕いでいくことができるわよ。

パリに住むレディたちから貰った最高のアドヴァイスの1つは、ヴェルサイユ宮殿に行くときは香水も香り付きのボディローションもつけない、ということ。夏の暑い日にはたくさんの花が咲き誇り、蜂たちが群がっているの。蜂はあなたの香りにも寄ってきてしまうのよ。

ヴェルサイユ宮殿にある アンジェリーナのティールーム

マリー・アントワネットも体験したいと思ったはずのスタイルで、美味しいホットチョコレートを飲んでみて。ホットチョコレートはヴェルサイユ宮殿にあるティーサロンでも、パヴィヨン・オルレアンにあるカジュアルなカフェでもオーダーできる。どちらも宮殿の入場券を持っている人しか入れないの。でも訪れる価値は絶対にあるわよ。

夜の噴水ショー

ルイ14世の噴水庭園に命を吹き込むこの豪華なイヴェントは必見。オーケストラの音楽に合わせた魅惑的なライトと花火が噴水を飾るのよ。6月から9月までの特定の夜に開催されているわ。

Georgina Chapman and Keren Craig,

ジョルジーナ・チャップマン＆カレン・クレイグ

マルケッサの創始者

パリジャンたちがパリ以上に愛しているのはパリを離れること。ヴェルサイユ宮殿に行って、マリー・アントワネットが王室の義務から逃れようとして訪れていた小トリアノン宮殿を楽しんで。マリー・アントワネットのこの隠れ家は18世紀の洗練された様式の住居を、より小さくてくつろげる大きさにしたものなの。

映画の中のヴェルサイユ宮殿

ヴェルサイユ宮殿の中に入って撮影することはこれまで、ほんのわずかの幸運な映画関係者にしか許されてきていないの。かつてフランスの王室の人たちが歩き回っていたプライヴェートなホールや部屋を、その目で見ることができた彼らが本当に羨ましい。

『リトル・ロマンス』

ダイアン・レインのデビュー作で、このときの彼女はわずか14歳。パリでの若いカップルの初恋を描いている作品よ。ダイアン演じる少女はヴェルサイユでダニエルと出会い、恋に落ちるの。

『マリー・アントワネット』

ソフィア・コッポラ監督、キルスティン・ダンスト主演の作品。ヴェルサイユ宮殿とマリー・アントワネットの小トリアノン宮殿のある特定の区域に入ることが許されたのはこの作品だけなの。この映画はうっとりするようなもの、コットンキャンディを思わせる色、信じられないくらい素敵な衣装と、どんなにたくさんあっても多すぎることはないような素敵なデザートでいっぱい。

Pont Des Arts Bridge
ポン・デ・ザール・ブリッジ

ルーヴル美術館の近くにある、この歩道者用の橋は昼間も夜もいつも賑やか。ボヘミアンなパリジャンたちと一緒に夕暮れ時のピクニックを楽しんで。彼らは一晩中、歌ったり踊ったりして過ごしているわ。

Kitsuné
キツネ

53, Rue de Richelieu

このブティックで音楽とファッションの世界が融合したの。そしてトラッドにパリジャンらしいクールなひねりを加えた、キツネのアイテムが生み出されたのよ。世界中のおしゃれな街でキツネはカルトなブランドであり続け、素晴らしいアーティストやデザイナーたちとコラボレーションしているわ。

Verjus
ヴェルジュ

52, Rue de Richelieu and 47, Rue de Montpensier

2階にあるレストランでは、マルシェの新鮮な食材を使った料理をコースで味わうことができるの。コースは5品か、もしくは7品で構成されたもののみ。1階のワインバーでは、少量生産されるワインを小さな小皿で出される料理と一緒に楽しめる。ここで夕食を食べてもお腹がいっぱいになるはず。昼間はパリジャンたちがパレ・ロワイヤルの庭園で食べようと、サンドイッチを買いに来ているわ。

Télescope Coffee
テレスコープ・コーヒー

5, Rue Villedo

小さくて古びた通りにある、信じられないくらい美味しいコーヒーを出す店。Wi-Fiがないから、仕事のメールをチェックしたり中毒になっているSNSにふけったりすることなく、のんびりコーヒーを味わうことができるわよ。

Davé
ダヴァイ

12, Rue de Richelieu

小さくて狭苦しいけれど、とても美味しいチャイニーズレストラン。ファッション業界の人たちの隠れ家なの。オーナーのダヴァイ（デイヴではなく、ダ-ヴァイ、って発音して）は華やかでチャーミングな人。ファッションウィーク中のマーク・ジェイコブスのアフターパーティーや、ナオミ・キャンベルが友達のレニー・クラヴィッツと会っていた夜のことを喜んで話してくれるわ。是非ここで食事を楽しんでみて。でも必ずレストランの名前の由来になった人物に会うだろうし、彼の話を聞くことになると思うわ。念のため。

Le Magnifique
ル・マグニフィーク

25, Rue de Richelieu

このカクテルバーにはしっかりドレスアップして訪れて、入り口の呼び鈴を鳴らすこと。パリでも数少ない、遅くまで開いているバーよ。ファッショニスタたちは午前2時頃出没するわ。

Palais Royal パレ・ロワイヤル

パリで最初に作られた広場。あらゆるものが少しづつ、どんな人でも楽しめるように揃っているの。専門店での買い物、美味しいコーヒー、素敵なレストラン、人間観察にぴったりのテラス付きのカフェ、バラの庭園、そして美しい噴水まである。ウィークデイにはパリジャンたちがカフェでランチタイムを過ごしているのを見られるはずよ。週末には本を片手にリラックスしながらピクニックしている彼らに出会えるわ。

Didier Ludot ディディエ・リュド *24, Galarie de Montpensier*

世界で最も有名なヴィンテージの洋服の店。リュドは膨大な数のリトルブラックドレスのコレクションを持っていることで知られているの。彼は 30 年以上もヴィンテージのリトルブラックドレスを収集して、売ってきたのよ。店内で、他の場所にはない彼だけのクチュールコレクションからインスピレーションを受けてみて。

Café Kitsuné カフェ・キツネ *51, Galarie de Montpensier*

クールなチュイルリーの女の子たちがコーヒーやボブズ・コールド・プレスのフレッシュジュースを求めて行くスポット。飲み物をテイクアウトしたら、パレ・ロワイヤルの庭園で楽しむこと。

CHAPTER 3

OPERA

オペラ

オペラに住む女性たちは「よく働き、よく遊ぶ」方法を知っている。素敵なアクセサリーを身につけて見た目もバッチリな彼女たちは、洗練されていて専門的な仕事についている。おしゃれな場所でビジネスランチをしていないときの彼女が、オスマン大通りで「マノロ・ブラニク」のストラップのピンヒールを試着しているのを見られるわ。この大通りには世界でも最も美しいデパートが２つもあるの。「プランタン」と「ギャラリー・ラファイエット」よ。

パリジェンヌたちはリトルブラックドレスを最大限に着回す術を知っている。昼間の地味なオフィス仕様から、夜のエレガントでおしゃれなディナー用に変える方法をね。それに彼女は買い物がとても上手なの。この地域にある歴史ある小道や狭いアーケードのかわいらしい店で、家族や友達に完璧な贈り物を見つけてくるのよ。

新しいバレエやオペラの公演初日には、ガルニエ宮に彼女が来ているのを見られるわ。そして夏時間が始まると、「プランタン」のルーフトップバーのテラスで女友達とロゼを楽しんでいる。親しい友達を招いて家で料理をすることもあるの。そういうとき、彼女は帰宅途中で「エピス・ロランジェ」に寄って世界でも最高クラスのスパイスを買ってくる。日曜日の夜、ディナーを作る気分になれなくても、近くに開いているレストランがなくてストレスを感じることもないのよ。少し歩けばサン＝タンヌ通りにあるリトル・トーキョーで、パリでも一番のスープを使ったラーメンと餃子が食べられるから。ラッキーよね。

彼女たちが住むオペラは決してトレンドの最先端ではないの。でもこのエリアには裕福なボヘミアンたちが暮らしていて、新しいレストランやバー、ブティックが毎週次々とオープンする南ピガールからそんなに離れていない。彼女たちは週末になると「ホテル・アムール」のテラスにブランチに出かけ、食事を終えたらマルティール通りでフルーツや野菜、スペシャルティチーズやアルノー・デルモンテルのバケットを買うの。

ロマン派美術館のガーデンティールームはお天気に関係なく、お茶をしながら話をしたい女の子たちを歓迎してくれる。ここは昔、ショパンやジョルジュ・サンド、ドラクロワたちの社交場だったの。石畳の小道の奥にある静かな場所で、オペラの女の子が１年中いつでもリラックスした午後を手にいれることのできるスポットよ。

BRIE DE MEAUX
Chocolat
3,15€
Dolfin
CHOCOLAT

1844
GALERIE VIVIENNE
Histoire de Paris

アーケード

デパートができる前、パリジャンたちは屋根のついたアーケードで買い物をしていた。以前はパリ中に 100 以上あったアーケードも、今では 12ヵ所くらいになってしまったわ。どれも右岸にあってパリ市が保護しているの。屋根付きの美しいパサージュには今でも、他の場所にはない小さな専門店、カフェ、ティーサロンが残っているわ。もしパリ滞在中に雨に降られてしまったら、アーケードを歩くのは特に素晴らしい経験になると思う。夏の暑さや冬の冷たい空気から逃れたいときもね。アーケードの多くは今でもその上がアパルトマンになっていて、その窓からはアーケードのついた小道をパリジャンたちが歩いているのを見下ろすことができるのよ。

Galerie Vivienne ギャルリー・ヴィヴィエンヌ

ここは世界で最も美しいアーケードの 1 つよ。フロアが素晴らしいモザイク細工になっているの。かわいらしいティールーム、「アプリ・オリ・テ」に寄ってアフタヌーンティーを楽しんでみて。そしてジャン・ポール・ゴルチェのフラッグシップショップに入って、彼のコレクションのクリエイティヴィティを吸収すること。パリでも最も有名なワインショップ、「ルグラン・フィーユ・エ・フィス」でワインを買うか、もしくはその場でグラスワインを楽しむのもいいわ。

La Fontaine Gaillon

ラ・フォンテンヌ・ガイヨン

Place Gaillon

このレストランのオーナーは俳優のジェラール・ドパルデューなの。とても美しい静かな通りにあって、店の外には噴水とテラスがある。ここのお勧めはシーフード料理よ。シーズンによって変わるメニューに豊富なワインリストが揃っていて完璧よ。

Epice Roellinger

エピス・ロランジェ

51, Rue Saint-Anne

このエピスリー（食材店）はミシュランの三ツ星シェフのオリヴィエ・ロランジェが引退して始めたの。彼は今でも自分のグルメショップやブルターニュにあるホテル、ラ・メゾン・ド・ブリクールで仕事をしているわ。店は、彼が世界中で見つけてきたスパイスやヴァニラ、ヴィネガー、そして彼が自分で調合し、30 年以上も自分のレストランで使ってきた特別なブレンドのスパイスでいっぱい。

THE MAGIC OF VANILLA

ヴァニラの魔法

私が好きな気晴らしの方法の1つはお菓子作り。私にお菓子の作り方を教えてくれたのは、もちろん母よ。私が“病気”と言って学校を休んでいるとき、母は世界で一番完璧なチョコレートチップクッキーのレシピの秘密を教えてくれた。今、私はどこを旅していても、その近くに住んでいる女性たちが買い物に来る、製菓材料のお店を探すのが大好き。パリではどの地区でも地元の食材店に行けば、そこに住んでいるパリジェンヌたちを見つけることができるわ。私がたぶん一番羨ましいと思っているのは、オペラに住んでいる女性たち。「エピス・ロランジェ」が目と鼻の先にあるんだから。このお店は三ツ星シェフのオリヴィエ・ロランジェがオープンした店で、ロランジェ氏が特別に調合したスパイスを扱っているの。世界でも最高のスパイスの幾つかはここのお店のものよ。彼のスパイスで最も有名なのは「インドからの帰還（Retour des Indes)」。ソースや肉の味を引き立てるために14種類の特別なスパイスを調合したもの。「大行商隊のパウダー（Poudre Grande Caravane)」も私のお気に入り。ラム肉を素晴らしく美味しく味つけしてくれるの。他にもこの店のオリジナル商品として、リンゴ酢や特別に調合した塩胡椒、辛さが1から10までランク付けされたチリパウダーがあるわ。

店内で私が一番好きなのはヴァニラのセラー。温度と照明を一定に保ったセラーには20種類のグランクリュ（最高級）のヴァニラが保存されているの。とても特別なヴァニラ、と言ったとしても控えめな表現ね。本物のマジックよ。お菓子だけではなくて、料理にもヴァニラを使うという、まったく新しい世界への扉を私に開いてくれた。この店にあるヴァニラはヴァニラの原産地であるメキシコ、ウガンダ、タヒチ、インド、マダガスカルから取り寄せたもので、コンゴからやってきたものもある。

ブフ・ブルギニョン（牛肉の赤ワイン煮）のソースにはどの種類が合うのか、魚のソースに加えて炒めるにはどれがいいのかを教えてもらったの。野菜のピュレに合うものもあるのよ。私のお気に入りの1つはニュー・カレドニアのヴァニラで、自然のままできらめくような結晶の形をしているの。

料理にヴァニラを使うことにあまり慣れていなかったから、ロランジェ氏がとても役立つアドヴァイスをしてくれたの。「塩胡椒を使うように、ヴァニラを使って味を引き出しなさい。ヴァニラの味がしてしまうようなら、それは使いすぎ。魚料理にはさやの半インチ分、ビーフなら1インチで十分ですよ」

次にパリに行ったときには必ずこの店に寄ってみて。そして店員のサンドリーヌに声をかけてみて。彼女がスパイスとヴァニラの世界を案内してくれるはず。スパイスを買って家に帰ったら店のサイトを参考にできる。そこにはそれぞれのスパイスの使い方が英語でしっかり説明されていて、ロランジェ氏の特別なレシピも一部紹介されているの。

リトル・トーキョー

　このエリアにはおしゃれなデパートやビストロだけではなくて、サプライズもいっぱい。オペラハウスから１分くらい歩き、サン＝タンヌ通りの角を曲がればリトル・トーキョーに到着する。ここには日本のレストランやベーカリー、食料品店が集まっているの。一番美味しい店の外には大抵、パリジャンたちが並んでいるわ。でも心配しなくて大丈夫。列はあっという間に進むから。ここで食べられる美味しくて本格的なラーメンと餃子にはいつだって並ぶ価値があるわよ。

Hokkaido ホッカイドー　*14, Rue Chabanais*

サン＝タンヌ通りの混雑したエリアから離れたところにあるラーメン店。

Higuma ヒグマ　*32, Rue Saint-Anne*

日本生まれだけれど、中華鍋を使って作った本格的な中華風炒め物が食べられる店。餃子はとても美味しいから最初に２皿頼んでおくべき。

Naritake ナリタケ　*31, Rue des Petits-Champs*

小さくて怪しげな雰囲気のラーメン店。ラーメンはそのままでも十分美味しいけれど、脂を加えたスープを合わせることでさらに素晴らしい味になっているわ。

Fragonard Purfumerie

フラゴナール・パフュームリー

9, Rue Scribe

フランスのグラース生まれの香水店。グラースはフランスのリヴィエラにある小さな町で、世界の香水の中心地。でも私が気に入っているのはこのパリの店。なぜならここはナポレオン３世の別宅でとても美しい上に、香水博物館も併設されているから。パリのさまざまな名所がパッケージにデザインされた小さな練り香水はプレゼントにぴったり。旅行のときに持って行くのにも最適よ。

La Maison du Miel

ラ・メゾン・デュ・ミエール

24, Rue Vignon

家族経営の蜂蜜専門店。1905 年からパリジャンたちに、フランスで最高級の蜂蜜を提供し続けてきたの。フランスのサフランやライム、スペインのタイム、イタリアのチェリーやユーカリから取れた蜂蜜は、店にあるもののほんの一部で、他にもタスマニアやニュージーランド、シシリーなど異国情緒漂う土地から来たものもあるわ。この店で蜂蜜の持つ美容や健康への効果を学んでみて。蜂蜜から作られたソープやボディローションもお勧め。

Opera Garnier

オペラ・ガルニエ

Place de l'Opera

パリの女性たちはよく、バレエやオペラ、クラシックのコンサートを鑑賞しにオペラ・ガルニエに出かけるの。美しさに驚くのは、建物の外側だけではなくて中を見るまで待って。ナポレオン３世の命令で建てられたこの建物は、２階の大広間とサロンへと続く凝った装飾が施された大理石の大階段が特徴。メインの劇場に入った瞬間、あなたはきっと“偉大な芸術家”シャガールが描いた、幻想的で宝石のような色調の天井画に恋をしてしまうはず。中央にはブロンズとクリスタルのシャンデリアが飾られていて、絵を完璧なものに仕上げているわ。それを見る頃には、室内の装飾や建築にあるテーマが取り入れられているのに気がついているはず。それは竪琴。この弦楽器を建物のあらゆるところで目にするはずよ。モザイクやシャンデリア、ドアノブや彫像にいくつの竪琴が見つけられるか、数えてみて。

Isabella Boylston,

イザベラ・ボイルストン

アメリカン・バレエ・シアターのプリンシパル

　パリのオペラハウスには長い歴史があり、たくさんの秘密も隠されているの。私は幸運なことにここでたくさんのレッスンを受け、バックステージもすみずみまで探検してきたわ。ステージの裏には金箔を施した鏡とフレスコ画のある大きな部屋があって、そこでバレリーナたちはウォーミングアップをする。その部屋の上部、天井の近くには部屋全体をぐるっと取り囲むように秘密のバルコニーがついているの。何世紀も前、お金持ちで特権階級の男性たちはそこに座ってバレリーナたちが準備運動をするのを見ていたのよ。そしてお気に入りの女の子がいるとメモを届けさせて、舞台が終わった後に出かけようって誘っていたの。

贅沢にお買い物

美しさと名声を誇る、世界でもトップクラスのデパートが2軒、偶然オスマン大通りに並んでいるの。パリで過ごす時間は短いけれど、しっかりショッピングを楽しみたいときには、まずこの「ギャラリー・ラファイエット」と「プランタン」に行くことをお勧めするわ。オペラの女性たちがたくさんある靴売り場にお昼休みを使って来ていたり、新しい「シャネル」のグロスをいくつか選んでいたりするのを目にするかもしれないわ。でもここには世界中から人が来ているの。ショッピングの途中にエネルギー補給が必要となっても、店の外に出る必要はないわ。デパートにイータリーやケーキショップが1ダース以上も入っているから。ホリデーシーズンにパリに来たなら、それを祝うショーウィンドウのディスプレイ、そして「ギャラリー・ラファイエット」の壮大なクリスマスツリーの前で足を止めてみること。

Galaries Lafayette ギャラリー・ラファイエット

40, Boulevard Haussmann

メインの建物では9フロア分のショッピングが楽しめるわ。小さな2つの建物にはホーム用品とメンズアイテムの売り場がある。建物は100年前に建てられたベル・エポック様式で、天井がガラスのドーム型になっているの。通りを挟んで向かい側にある建物はグルメ食材専門で300種類以上のチーズや3000本以上のワインやシャンパンが揃っている売り場がある。「アンジェリーナ」や「ピエール・エルメ」、「ル・パン・コティディアン」の支店も入っているわ。

Printemps プランタン

64, Boulevard Haussmann

この豪華なデパートの自慢は7000平方フィートもある靴売り場。デザイナーものからコンテンポラリーブランド、お手頃価格のブランドまで揃っているわ。「アトリエ・レペット」に寄って、あなたのオリジナルの靴をデザインしてみて。252色のラムスキンレザーに、たくさんの色の縁飾りや靴紐が揃っていて、オプションで靴の内側にイニシャルを入れることもできる。ブラッスリー・プランタンの天井はかわいらしい丸屋根になっているわ。新鮮なサラダを食べにコージャンにも行ってみて。「ラデュレ」のケーキショップも3店入っていて、メンズアイテムの売り場にはマスキュリンなインテリアのワールドバーもある。ルーフトップバーでロゼワインを片手に買ったばかりのピンヒールに乾杯するのもいいわね。このバーからはパリ全体が見渡せて、エッフェル塔の眺めもとても素敵。

W Paris Hotel

W・パリ・ホテル

4, Rue Meyerbeer

19 世紀の建物を利用した、待ちに待ったパリ初の W ホテル。このコンテンポラリーホテルはパリジャンの新しいスタイルと古い様式の両方に、世界トップクラスのグラフィティアーティストやイラストラーターの作品を混ぜ合わせているの。このエリアの女性たちはマティーニを飲みたい気分のとき、古き良きスタイルではあるけれど何か新しいひねりを効かせたものが楽しみたいときに、このホテルにある「バー・ブリュレ」に同僚や友達とやってくる。ここから眺めるオペラ・ガルニエは素晴らしい眺めよ。

ホテルにあるレストラン、「コケット」は毎日 24 時間美味しい料理を出してくれる。スターウッドプリファードゲストのポイントを貯めて、W ホテルのスイート「ファンタスティック」「ファビュラス」「Wow」を予約してみて。失敗することはありえないわ。

La Conserverie
ラ・コンサルヴァリエ
37, Rue su Sentier

脇道に面している、音楽も楽しめるバー。レトロなインテリアと、トレードマークになっている氷砂糖をトッピングしたカクテルたちが、あなたを古い時代に連れて行ってくれるはず。おしゃれなパリジャンと、缶詰のグルメフード——フォアグラ、ブルターニュのサーディン、スモークサーモン、キャビア——を使ったメニューに出会える場所。

Le Carmen
ル・カルメン
34, Rue Duparré

フランス人作曲家、ビゼーがかつて住んでいた場所。今はこの作曲家の有名な歌劇から名付けられたトレンド最先端のカクテルバーになっているわ。退廃的なブドワール（寝室）をテーマにした内装と最高のカクテルで、ロックなスピリットを持つ人たちを引きつけているスポット。決まったカクテルのメニューはなくて、腕のいいバーテンダーがあなたの好みのフレーバーや材料で、そのときのあなたのムードにあったものを作ってくれるの。

Buvette
ビュヴェット
28, Rue Henry Monnier

パリで店を出す前にニューヨークで大成功した、美味しいフランス料理の店の話はあまり聞かないわ。でもここのシェフのジョディ・ウィリアムズのメニューを試してみたら納得するはず。私はニューヨークに住んでいるから、彼女がウェストヴィレッジに開いた店に毎日のように通っていたの。でもパリに来ても、ここのクロック・フォレスティエを求めて行かずにはいられなかった。一度食べたらあなたも私と同じように虜になるわ、絶対。

Musée de la Vie Romantique
ロマン派美術館
16, Rue Chaptal

この静かな通りの奥にあるアイヴィーの蔦に覆われた豪邸とコテージのような庭は、ロマン主義のスピリットをたたえている。かつてここには画家のアリ・シェフールが住んでいて、彼はここで友達のジョルジュ・サンドやショパン、ドラクロワたちをもてなしたの。この美術館では彼らの個性的な人生と、彼らが産み出したロマン主義の世界が見られる。この美術館に来ればフランスのロマン主義の芸術家たちの作品を愛でる気分になるはず。パリのレディたちはかわいらしい庭にある温室でお茶しているわ。このティールームは3月から10月まで開いているの。

YOUR OWN PARISIAN TERRACE

あなた専用のパリ風テラス

パリの街を歩きまわっていると、私は歴史的な建造物の美しさや複雑なディテールを求めて何度も上を見てしまうの。私が大好きな外観の1つでもあり、多分パリジェンヌを一番羨ましいと思う理由は、たくさんの家にある小さなバルコニー。その多くは新鮮な花やハーブでいっぱいなの。でも私が一番好きなのはテーブルと小さな椅子二脚。朝起きて、自分の家にあるパリ風のテラスで目覚めのお茶を飲んだらどんな感じだろう、夜ボーイフレンドとピノノワールを飲みながらその日についておしゃべりするのはどんなかな、と空想するのが大好きだった。

ときどき私はパリジェンヌが朝のコーヒーを飲みながら「Vogue Paris」を読んだり、夕方にワインを片手にタバコを吸いながらガールフレンドとおしゃべりしたりしているのを見ては、自分たちがどれほど幸運か彼女たちは知っているのかしら、と思っていた。テラスは彼女たちにとって当たり前のものなの。だから私は1週間かけて、自分でも作ってみようと決意したのよ。

幸運なことに、ブルックリンの私の家には自分のものと呼んでも構わない、小さな裏庭があるの。この前パリ旅行から帰ってきた後、私は「Overstock.com」というサイトでパリジェンヌのとそっくりなビストロチェアとテーブルのセットを買ったの。もちろんまったく一緒というわけではないけれど、パリの雰囲気を持つものが家にあると、それがどんなものでもパリを恋しいと思う気持ちが少し和らぐ。家の中にでも、裏庭にでも、ルーフデッキにでも、あなた専用のパリ風テラスを作って、自分の中のパリジェンヌを目覚めさせることができるのよ。

パサージュ・デ・パノラマ

パリで一番古い屋根のついたパサージュ。昔は娼婦がいる悪名高い場所だった。ここは、1817年にパリの公共の場で初めてガス灯が設置された場所でもあるの。

Passage 53

パサージュ・サンカント・トロワ

パリジャンに愛されている、ミシュランの二ツ星を持つネオビストロ。定食メニューはないから５皿、または８皿のコースを選んで。シェフのセレクションはシンプルだけど独創的で、コースが進むにつれてそれが明らかになっていくわ。パリで一番美味しいお肉料理を期待していいわ。その理由は小さな家族経営ゆえの特権。オーナーの義理のお父さんはパリで屈指の肉職人、ユーゴ・デノワイエなのよ。

Gyoza bar

ギョーザ・バー

パサージュ・サンカント・トロワのシェフとスタッフが開いた餃子専門店。12席しかないけれど、新鮮で高品質の材料を使った餃子が期待できるわ。

Cartes Postales & Letters Anciennes

カルテ・ポスタルス＆レターズ・アンシエン

かわいらしいヴィンテージのポストカードの店。誰かが友達や愛する人に宛てた手紙を読むのはとても特別なものよ。私自身の誕生日や記念日みたいな大切な日に書かれたハガキを探すのも大好き。

ワインも買えて食事もできるワインバー２軒

ラシーン（Racines）は自然派ワインの専門店。小さいビストロだけれどメニューが素晴らしいの。コアンスト・ヴィノ（Coinstot Vino）はブルターニュ産のオイスターとたくさんのワインが揃っている店よ。

マルティール通り

グルメ食材の店にやって来るパリジャンたちの活気であふれている賑やかな通り。ここには新鮮な野菜や魚、肉を扱う店、そしてスイーツショップが揃っているの。このエリアに住む女の子たちが友達と美味しいものを食べる“グルメピクニック”を開催するときに食べ物やお菓子を買いにくるスポットよ。日曜日の朝、地元の紳士淑女たちに混じってここを歩いて買い物をしてみて。パリの雰囲気に浸れるはずよ。

La Chambre aux Confitures, no.9
ラ・シャンブル・オ・コンフィチュール
ホームメイドのジャムとデザートスプレッドの店。

Premiere Pression Provence, no.9
プルミエ・プレッション・プロヴァンス
南フランスのオリーブオイルとヴィネガーの店。

Arnaud Delmontel, no.39
アルノー・デルモンテル
パリで一番美味しいバケットを売っている店の１つ。

Rose Bakery, no.46
ローズ・ベーカリー
新鮮なオーガニックのスープやサンドイッチ、キッシュ、サラダの店。ここでも食べられるし、テイクアウトもできるスポット。

Terra Corsa, no.42
テラ・コルサ
コルシカ産のシャルキュトリー（ハムやソーセージ）の専門店。最高よ。

Popelini, no.44
ポプリーニ
この店のカウンターには愛らしいシュークリームたちが並んでいるの。パリのお菓子で今度インスタグラムのフィードを埋め尽くすのは、間違いなくここのシュークリームね。

Emmanuelle Zysman
エマニュエル・ジスマン
81, Rue des Martyrs

独学でジュエリーデザイナーになったジスマンの工房兼フラッグシップショップ。ゴールドをハンマーで彫像し、ノミを使って彫刻した美しいジュエリーで有名よ。自分のジュエリーを愛するパリの女性たちと同じように、繊細さと女性らしさを備えているわ。

Mamie Blue
マミー・ブルー
73, Rue de Rochechouart

3 階建てのヴィンテージショップ。服とアクセサリーの見事なコレクションが揃っているの。ショーで発表する作品のインスピレーションを得るために、この店に買い物に来たデザイナーに遭遇するかもしれないわ。

Hotel Amour
ホテル・アムール
8, Rue de Navarin

フランス人グラフィティアーティストのアンドレがオープンしたホテル。ファッションフォトグラファーやエディター、NY のブルックリンのヒップな人たちが予約しているわ。ホテルの中にあるガーデンテラスは、週末のブランチの時間帯になるとパリジャンたちで満席よ。

La Pantruche
ラ・パントリュッシュ
3, Rue Victor Massé

シェフのフランク・バランジェがオープンした、入りやすいネオビストロ。ここで出すメニューは、家庭料理を新たな水準にまで高めたわ。オイスターのタルタルと牛ホホ肉の煮込み、そしてデザートに頼む申し分のない焼き加減のグランマルニエのスフレは、私の理想とする完璧な食事よ。

Karine Arabian
カリン・アラビアン
4, Rue Papillon

かつてシャネルでアクセサリーデザイナーをしていたカリン・アラビアンの店。彼女がデザインしたユニークな靴とハンドバッグが、本当に特別なプライスで売られているの。華やかでセクシーで、ちょっと 1940 年代風よ。

VERMEIL
CORNALINE
TOURMALINE

BIBLIOTH

A WEEKEND IN BRTITTANY

ブルターニュで週末を

私の友達のセリーヌは週末に恋人と逃避行したいとき、家族が持っているブルターニュのコテージに行くんですって。もちろん私も、彼女の言う「パリでの日常から離れた、穏やかでロマンチックなひととき」を過ごす必要があった。海辺には古風な雰囲気の村々があり、歩道の横にあるどのカフェにもオイスターの入ったバスケットが置いてあるブルターニュはストライプのシャツで有名で、週末の逃避行先にもぴったり。

見るべき村が数多くあって、どこから訪ねたらいいのかわからなかったけれど、「エピス・ロランジェ」の店員、サンドリーヌが役立つ情報をくれたの。そのおかげで決めるのが簡単でシンプルになった。サンドリーヌは「エピス・ロランジェ」のシェフ、ロランジェがやっている「シャトー・リシュー」に宿泊するように勧めてくれた。このシャトーはロランジェの故郷であるブルターニュのカンカルの近くにあるの。パリにある彼の店に恋をしていた私には、他の場所に泊まることなんて考えられなかった。私たちはパリからサンマロ行きのTVGに乗り、ひまわりの咲く野原や小さな村々にある中世の教会を通り過ぎていった。そして元気なイタリア人のジェラルドのタクシーがあっという間にルレ・エ・シャトー（世界的に認められたレストラン＆ホテルが加盟できるグループ）の1つであり、オリヴィエとジェーン・ロランジェが修復し、オープンさせたこのホテルに連れて行ってくれた。

シャトー・リシューは海辺にある小さくてロマンチックなお城。部屋は豪華で、外には座るスペースもあり、そこは静かで居心地も抜群。私たちはラッキーなことに、庭に面した階に宿泊したの。部屋の入り口と反対側にあるパティオからは庭と海の崖側の両方見渡すことができた。まるで天国のようだったわ！　ブルターニュでは英仏海峡が1日に2回ずつ、高潮と低潮になり、その時間は1年を通じて変わる。低潮のとき、私たちは海辺を散歩してみたの。45分くらいで小さくて古風な村、カンカレに到着したわ。

村の中心にある入江から入っていくと、家々や数軒のベッド＆ブレックファーストへと続く狭い裏路地を見つけた。カラフルな窓枠やドアの色にぴったりの花が、窓辺に置かれたボックスの中で咲き誇っている様子に私は恋してしまった。そして次はランチ。シーフードの盛り合わせを堪能したわ。目にも舌にも新しい、正体不明の甲殻類を食べるのはちょっと冒険ではあったけれど、試してみるのは楽しかったし美味しかった。次のプランは丘の頂上にある村を探検すること。石造りの建物が並ぶ静かなエリアには、ショップやベーカリー、オリヴィエ・ロランジェの食材店、そして私が今まで見た中で一番かわいらしい図書館があった。

その村を歩き回り、ハイキングをした後はタクシーに乗ってシャトーに戻ったの。そしてこのシャトーにあるレストラン、「ル・コキアージュ」での素晴らしいディナー体験に備えてひと休みした。

夜は、英仏海峡を見下ろす、裏庭に面したテラスで味わう一杯のシャルドネとアミューズブーシュから始まった。メニューが進むにしたがって、私は「本日のお勧め料理」が何かを尋ねる必要がないことに気がついた。なぜってメニューは全部、その日に獲った新鮮なものを使っているから。ロランジェは何年もの間、同じ漁師や農家と仕事をし続けてきたの。ロブスターやカニ、エビだけを扱う漁師、スズキだけ、貝だけ、オイスターだけを専門に獲る漁師がいるのよ。料理をするということはストーリーの最後の語り手を務めることだと彼は信じている。カンカレの漁師が新鮮なスズキやロブスターを獲り、農夫が１つ１つ選びながら新鮮な人参やストロベリーを収穫するところから物語が始まる。その間、乳牛たちは、牛乳の味を濃くしてくれる塩田の草を食べている。食材を調達する地元の人たちは材料を選ぶときだけではなくて、それをシェフのところに運ぶときにも細心の注意を払っている。レストランが材料を受け取ると、シェフの魔法が始まるの。エキゾチックなスパイスや秘密の材料を混ぜ合わせ、バターのソースを炒めて、あなたの舌を楽しませてくれるのよ。

翌朝、自分たちの部屋のパティオで静かな朝食を楽しみながら、私たちはすぐにまた来ようと誓った。今度は１週間滞在して、ブルターニュやその近くのノルマンディの素敵な村をもっと見て回ろうって。世界遺産のモンサンミッシェルに馬で行くのもいいかもね。

Château Richeux/
シャトー・リシュー

Restaurant Le Coquillage
ル・コキアージュ
Le Point du Jour, Cancale 35350 France

BAR LE TAPECUL
Bienvenue à Bord

Huîtres Karl QUERRIEN
Citron 0.50€
Emballage 2€
QUERRIEN
13 à la douzaine
Ouverture 0.50€

CHAPTER4

MONTORGUEIL

モントルグイユ

チュイルリーから東に足を延ばすと、そこはモントルグイユ。右岸の中心地で、オフィスビルがたくさん集まっているの。みんなの目を気にしないでモントルグイユの魅力に浸りたいなら、街が用意してくれるレトロな雰囲気の通りを見つけてみて。パリ観光で一番重要なのは、パリジェンヌたちをお手本に、どこでもいいからどこかに座って、ただ何もしないでいる時間を見つけること。ただパリの中に浸るの。そんな過ごし方にぴったりのスポットの1つがバイユール通り。ここにはパリで私が気に入っているレストランの1つ、「スプリング」がある。信じられないくらい美味しい料理があるだけではなくて、モントルグイユで一番おしゃれな女性たちで溢れているのが好きな理由。

モントルグイユの女の子たちはカメレオンみたい。大胆な洋服を着て目立つ

ことも、ひっそりと地味な見た目でいることもできる。彼女たちが住んでいるのは、ヨーロッパでも一番混雑しているシャトレ駅の近く。彼女たちはここから気軽にシャルルドゴール空港に行って、ビーチでリラックスした週末旅行を楽しむためにギリシャに飛ぶことができるのよ。

ところで、シャトレ駅に限らずパリでメトロの駅に行くことがあったら、パフォーマーたちに注意してみて。そして少しの間、彼らの才能を楽しむこと。メトロの駅で演奏しているミュージシャンやシンガーたちはみんなオーディションを受けているの。彼らは才能を思い切り披露して、美しい音楽であなたを楽しませてくれようとするはず。地上で素敵な音楽を聞きたいときにはロンバール通りに行くこと。パリで最高のジャズバーが何軒かあるの。モントルグイユの女の子たちのお気に入りのデートスポットでもあるわ。

モントルグイユの北部はパリでも最高のショッピングエリア。アメリカでは手に入らないコレクションをいろいろなブティックが揃えているし、フレンチーという名前がついた話題の店たち——カフェ、ワインバー、レストラン—が集まった一画もある。週末にはモントルグイユ通りで近くに住むレディたちを見られるわ。この通りには店が集まっていて、美味しいものを買ったりのんびりしたカフェで過ごしたりするときに欠かせない場所よ。彼女たちに混じって過ごしながら、カフェでムール貝のバター焼きとフリットを味わってみて。

TOUTE LA POMME
POMME
pur
sain
naturel

Le Fumoir

ル・フュモワール

6, Rue de l'Amiral de Coligny

そう、噂は本当よ。ルーヴル美術館からほんの数ブロック離れたところに、旅行者のいないレストランがちゃんとあるの。ここではおしゃれなパリっ子たちが仕事の後にマティーニやディナーを楽しみ、雑誌のエディターたちがランチミーティングをしているわ。地下にあるライブラリーバーではヒップなカップルが部屋の隅の暗がりで愛を語りあっている。暖かい季節にはテラスで食事をするのがお勧め。

Spring Restaurant

スプリング・レストラン

6, Rue Bailleul

この素敵なレストランに来るときには食欲と冒険心を連れてくること。なぜならメニューにあるのはワインリストだけだから。ソムリエにお勧めのワインを必ず聞くこと。彼はフランスで最高のソムリエに選ばれているのよ。シカゴ生まれのシェフのダニエル・ローズは、その日マルシェで手に入った一番新鮮な材料を使って料理を作ってくれる。モントルグイユの女の子たちが特別な日に食事に来る場所よ。

Le Garde Robe

ル・ガルド・ローブ

41, Rue de l'Arbre Sec

ご近所のワインバーといった趣の店で、置いてあるほとんどが自然派ワイン。グラスでもボトルでも楽しめるの。シャルキュトリーやチーズ、新鮮な野菜のプレートをオーダーすることもできる。もしボトルを飲みきれなくても持って帰らせてくれるから無駄にしなくて済む。ボトルをテイクアウトしてセーヌ河のほとりで飲むこともできるわよ。

Duluc Detective Agency

デュリュック探偵事務所

18, Rue du Louvre

もしあなたが私と同じように映画『ミッドナイト・イン・パリ』が好きなら、犯罪捜査が必要なときのためにデュリュック探偵事務所があるのを知って嬉しくなるはず。昨日の夜、セーヌ川のほとりでキスした素敵なパリジャンの男の子を探したいときにはどこに行けばいいのか、もうわかったわね。

Yam'Tcha

ヤムチャ

121, Rue Saint-Honoré

このレストランの名前は中国語で「お茶を飲む」という意味。この高級レストランではお茶だけでなく、フレンチアジア料理が味わえるの。小さなオープンキッチンでシェフのアデリーヌ・グラッタールの優雅な仕事ぶりが見られるわ。その間、中国茶のソムリエ兼彼女の夫が、料理に完璧に合うお茶を小さなカップで次々とサーヴしてくれる。その組み合わせは本当にうっとりするほど。4品からなるコースメニューは必ず体験してみてほしい。

Claus

クラウス

14, Rue Jean-Jacques Rousseau

ここはグルメな朝食専門店。ファッションウィークの期間だけでなく、常にファッションエリートたちのホームグラウンドになっているわ。1階ではコーヒーやフレッシュジュース、自家製のグラノーラ、ペストリーや蜂蜜、ジャムをテイクアウトすることができる。のんびり朝食やランチを楽しみたいなら、2階にあるおしゃれなダイニングルームに行ってみて。

Betty Autier,

ベティ・オウティエ

「Le Blog de Betty」LEBLOGDEBETTY.COM の創設者

私はモントルグイユ通りに近い、パリ２区に住んでいるの。ここにはなんでも揃っているわ。レストラン、バー、ブティック、マルシェ、そして映画館。私のお気に入りの朝食とランチスポットは断然、「クラウス」。全メニューがオーガニックで新鮮、しかも美味しいの。食べちゃいけないと思いつつやめられないのは、アップルババロアのパンケーキ（誰かとシェアしてもいいし、もしものすごくお腹が空いているなら１人で平らげて）。さらにこのエリアはパリの中心だから、どこにでもすぐに行けるの。マレ地区にも近いし、10分歩けばオペラ地区にもサントノレ通りにも行ける。完璧よ！

THE MAGICAL SHOSEMAKER

靴作りの魔術師

パリに住んで洋服の買い付けをする会社のインターンとして働いていたとき、大きな買い物をしようと貯金していたの。靴を買うべきだっていうことに疑問の余地はなかった。パリジェンヌの友達や一緒に働いていた女性たちに、パリで一番特別な靴を買うにはどこにいけばいいのか尋ねてみたの。その頃、この2つの単語は私にはちょっと耳慣れないものではあったけれど、全員が「クリスチャン・ルブタン」って言ったのよ。ドラマ「SEX AND THE CITY」がヒットする前で、彼のレッドソールは今のようにおしゃれのシンボルとして憧れの眼差しで見られていなかった。

ある日曜日の午後、私はモントルグイユの女の子とランチをした。その後、初めてのルブタンを買うという“瞬間”がやってきたの。ジャン＝ジャック・ルソー通りにある彼の店は小さいけれど、ウィンドウにディスプレイされた独特なピンヒールや先の尖ったフラットシューズ、ストライプのエスパドリーユだけでなく、店そのものも特別だった。女の子たちによる投票も終わり、私はルブタンならではの「トラッシュ」の初代のデザインを買うことに決めた。この靴はジーンズとTシャツでも、リトルブラックドレスでも、着ている洋服に極上のタッチを加えたいときに棚から取り出す美術品のようなもの。透明の素材の下にごちゃごちゃしたものがたくさん閉じ込められているの。赤い口紅がついたタバコの吸殻や羽、ブティックの住所が走り書きされた紙切れや、使用済みのフランスの切手、布の切れ端。私が一番好きなのは35ミリフィルムのネガの端っこ。

その後、私はラッキーなことにさらに何足かルブタンの靴を手に入れることができたし、ルブタン本人とも知り合うことができた。彼は“靴作りの魔術師”――私の親友の1人がそう名付けたの――であるだけでなく“人生の魔術師”。生き生きとしていて幸せに満ち溢れていて、いたずら好きな彼のスピリットは、毎シーズンに発表されるデザインとコレクションにはっきりと現れている。彼自身のファッションもとても素敵で、1冊写真集にしてもいいくらい常に完璧

な装いなの。

私が最初に店を訪れた日から、ルブタンの世界は帝国へと成長し、今ではハンドバッグやメンズの靴、そしてコスメにまで広がっている。自分の歴史に誠実であり続けるこのブランドは、今でもギャラリー・デュ・パッサージュの店を続けているわ。昔と違うところは、店の規模が大きくなったことだけ。旅行者たちは彼の靴を求めてフォーブール・サンノトレ通りの店に並んでいるけれど、パリジェンヌは今でもこのフラッグシップショップで買っている。彼女たちはときどき、彼の愛する通り、ギャラリー・デュ・パッサージュを歩いている、この靴作りの魔術師に遭遇しているのよ。

Christian Louboutin
クリスチャン・ルブタン
19, Rue Jean-Jacques Rousseau

Les Fines Gueules
レ・フィン・ギュール
43, Rue Croix des Petits-Champs

ファッショニスタにも銀行勤めの人たちにも愛されているビストロ。仕事帰りのモントルグイユの女の子たちがボーイフレンドとワインを飲んだり、気分が向けば夕食も食べていたりする。私はアペタイザーに頼むブッラータがお気に入り。有名な肉職人のユーゴ・デノワイエから仕入れているから、ここのお肉料理はいつ行ってもとても美味しいの。

Place des Victoires
ヴィクトワール広場

この広場の中央にはルイ 14 世の騎馬像があって、周りには豪邸が建ち並んでいる。昼間は近くのデザイナーブランドのお店を訪れる常連客で賑わっているわ。夜は完璧にライトアップされていて、密かに息を飲んでしまうほどよ。

Mora
モラ
13, Rue Montmartre

世界中のペストリーシェフが来る店。ありとあらゆる形と大きさのケーキやタルト、チョコレートの型、ここにしかない製菓道具が揃っているの。

Princess tam.tam
プリンセス タム・タム
5, Rue Montmartre

誰かを誘惑するのにぴったりの、それでいて明るくて楽しい雰囲気のランジェリーとスイムウェアが手頃な値段で買える店。パリでのお気に入りの買い物スポットだけれど、今ではアメリカでも買えるのが嬉しい。ブルーミングデールか、オンラインショップの Shopbop.com で手に入るわよ。

IKKS
イックス
5, Rue d'Argout

ここのグラムロックな洋服たちはモダンで女性らしいアイテムばかり。あなたもモントルグイユの女の子風の服装ができるわ。レザーのボンバージャケットやボウタイつきのシルクの花柄ブラウス、ラムスキンのレザーのサッチェルバッグやモーターサイクルブーツを手に入れて。そして、あなたの大切な男の人にも何か選んであげること。

Chez Georges
シェ・ジョルジュ
1, Rue du Mail

料理研究家のジュリア・チャイルドがパリに住んでいた頃、愛したビストロ。店の外観は当時と変わらず、今も変わらぬメニューがここの誇り。フランスのビストロの王道メニューで、本当に美味しいの。カモの胸肉とその脂を使ってカリっと仕上げたポテトは食べるべき一品。

Lina's
リナス
50, Rue Etienne Marcel

モントルグイユの女の子たちが友だちに会って、ランチをささっと食べながら噂話をしたり、男の子のことを語ったりするときに来るのがここ。カフェで食べることも、テイクアウトすることもできる、時間のかからない手軽な店よ。出来合いのサンドイッチから選ぶもよし、バラエティに富んだ焼きたてのパンでオリジナルのサンドイッチを作ってもらうのもよし。新鮮なサラダもお勧め。フランス生まれのペストリーではないけれど、ここのブラウニーはとてもしっとりとしていて、チョコレートが濃厚よ。食べずに帰ってきてはだめ。

Agnès B.

アニエス・ベー

2, 3 and 6 Rue du Jour

この店以上に、永遠不滅のフレンチスタイルが手に入る場所はないわ。ここだけで完璧なパリジェンヌのワードローブが揃う。ストライプのボートネックのトップス、ぱりっとした白いボタンダウンシャツ、カーキのトレンチコート、そしてあらゆる色のカーディガン。ここはパリで最大のアニエス・ベーの店舗なの。かわいらしい中庭を取り囲んでいてレディース、メンズ、キッズ、そしてトラヴェルコレクションまですべて揃うわ。

Zadig et Voltaire

ザディグ・エ・ヴォルテール

11, Rue Montmartre

メンズとレディース、それぞれの店舗が並んでいる。カジュアルなロックテイストを加えた、都会的でシックな洋服が揃っているわ。しなやかなレザーを使ったハンドバッグと小物もあって、私のお気に入りのブランドの1つ。

Fifi Chachnil

フィフィ・シャシュニル

68, Rue Jean-Jacques Rousseau

小さな中庭を通り過ぎたところにある、レトロなランジェリーショップ。1950年代のピンナップガールにインスピレーションを受けた魅力的なデザインに目を見張るわよ。女の子らしい、そして女性らしい気分になるはず。少なくとも1セットはランジェリーを買ってしまうはず。

LOVELY LANGERIE

素敵なランジェリー

フランスの女性たちは自分の持つ女性らしさを、まずランジェリーで楽しませてあげている。彼女たちは人生の早い段階で正しいランジェリーを持つことが、完璧なリトルブラックドレスを手に入れるのと同じくらい重要だということを学ぶのよ。パリのデパートにはランジェリーだけのフロアがあるほど。値段もいろいろよ。

一番大切なルール、それはすべてがマッチしているということ。ブラもショーツも寝るときに着るものもすべてね。上下が揃ったランジェリーは特別なときのためのものではない。フランスの女性たちは、毎日上下がセットのランジェリーを身につけているわ。あなたもそうするべき。

ランジェリーでこんなに騒ぐのはなぜかって？　フランスの女性たちにとって美しいランジェリーを身につけるのは毎日一緒に過ごす男性たちのためであるのと同じように、自分のためでもあるの。素敵なものを肌に身につけているときの幸福をきちんと感じている。誰にも見せないとしてもね。

これは寝るときに着るものにも当てはまること。Tシャツとボクサーショーツは大きな間違いよ。彼女たちはシルクのナイトガウンかロマンティックな雰囲気のセットアップを着て寝ている。

フランスの女性たちはサイズに関係なく、自分の体型を引き立ててくれるブラを買っている。嘘のカップサイズで男性を誘惑することはないの。レースやスカラップで飾られたブラを身につけるのを恥ずかしがらないで。日常使いの下着が退屈なものでなくてはいけないなんてことはないわ。

ショーツについて言っておくと、彼女たちはソングもビキニもボーイショーツも履いている。パリジェンヌの友達は以前、私に１つのブラに合わせて２種類、もしくは３種類の違う形のショーツを買うことを教えてくれた。必ず上下セットにするためよ。賢い方法よね！

Espace Kiliwatch
エスパス・キリウォッチ
64, Rue Tiquetonne

新しいコレクションと厳選されたヴィンテージのミックスがユニークなコンセプトショップ。モントルグイユの女の子たちが毎週、新しく入荷したものをチェックしに行く人気のスポット。メンズやレディースの素敵なウェアやアクセサリー、限定版のサングラスを探してみて。書店のコーナーではファッションやデザインの本もチェックしてみること。

G. Detou
ジー・デトゥ
58, Rue Tiquetonne

床から天井までの棚に、何百種類ものお菓子作りの材料がきれいに並んでいるわ。あなたがどんなお菓子を作ろうと思っていても大丈夫。製菓材料店だけれど、フランス産の特別なグルメフードも置いてあるわ。

モントルグイユ通り

パリでも一番の食料品の市場がある通り。カフェもいろいろ選べる。3ブロックに渡る歩行者用の通りが、昼でも夜でもあなたの食欲を楽しませてくれるわ。通り沿いを歩けばスイーツやいい香りのする美味しいものに出会えるはず。

Stohrer,no.51 ストレー
1730年創業の店。歴史ある老舗で、パリで一番古いパティスリーなの。ラムを浸した美味しいケーキ、ババオラムを最初に作ったのもこの店よ。

Poissonnerie Soguisa,no.72
ポワッソヌリー・ソグイサ

活気溢れる魚の市場。シェフや住民たちが、その日獲れた魚を買いに来ているわ。

Au Rocher de Cancale,no.78 オー・ロシェ・ドゥ・カンカル
モントルグイユに残る、唯一のオイスターの店。今では貝類だけではなくサラダや美味しいハンバーガーまで幅広いメニューを出しているの。冬でもまだ、みんなが2階の窓際のテーブルを狙っているのに驚くはず。

Bistro Les Petits Carreaux ビストロ・レ・プティ・カロー
17, Rue des Petits Carreaux

モントルグイユ通りを食べ歩いたら最後に、ブロックの端にあるこのビストロに入って。リラックスできる落ち着いた店よ。いい天気の日には、外のテラス席に座ってグラスワインを頼んで。もしまだ食べ足りない気分だったら、カモのコンフィとフライドポテトが完璧なチョイス。

L'Atlier du Chocolate,no.45 ラトリエ・ドゥ・ショコラ
スイーツをプレゼントするなら、ここのショコラブーケとチョカリアがユニークよ。チョカリアは四角いチョコレートにキャラメル、ローストしたココアニブを重ねたもの。

MONTORGUEIL

MARIE STUART

WINE O! WINE

ワイン、ああ、ワイン！

パリのディナーパーティーに出席するとアメリカとの違いに気がつくはず。ゲストたちがホストへのお土産としてワインを持ってくることはないわ。フランスではディナーパーティーの女主人が自分が出す食事に完璧なワインを合わせることに気を配り、何を選ぶか考え抜いているから。地元のワインショップの専門家は、ぴったりのペアリングができるように食事に使う材料を全部聞き出すことまでするの。

ワインと食事が楽しめて、フランス産ワインに関する知識を深めることができる場所として、私が気に入っているのはオー・シャトー。40種類のワインから構成されているワインリストは毎週変わるの。どんな予算にも合うように値段もいろいろよ。フランスのワインがほとんどだけれど、外国のものも2、3種類ある。

オー・シャトーは単なるレストランとワインバーではなくて、ワインが人を結びつけてくれる場所なの。仕事帰りのパリジェンヌたちが集まり、金曜日の夜にカップルが週に1度のデートを楽しんでいるのを目撃するはず。週末にフランスでバチェロレッテパーティーを開催しようとロンドンからやってきた女性もいるわ。彼女たちには1つの共通点がある。美味しいワインが大好きで、それを満喫しているということ。

この店は長い間、ランチやディナーのテイスティングや、チーズとのペアリングを始め、パリで一番のワインテイスティングを開催してきた。店は中世に造られた美しいワインセラーを利用していて、プライヴェートなディナーパーティーや小さなイヴェントを開催するのにもぴったり。パリジェンヌやパリにきた旅行者は、特別な日にはオー・シャトーが企画する、シャンパン付きのセーヌ川のサンセットクルージングでお祝いを、ただ泡を楽しむためなら小さくてプライヴェートなクルージングを予約しているわ。

オー・シャトーはすぐ近くでレ・カーヴ・デュ・ルーヴルという、新しい冒険的なビジネスもやっているの。ルイ15世のソムリエだったトゥルードンが住んでいた場所で、ワイン造りのワークショップを開いているのよ。オー・シ

ャトーの専門家たちに手伝ってもらいながら、オリジナルのワインをブレンドして、ラベルを作りケースに入れて家に持って帰ることができるの。

　昔、王のプライヴェートなワインコレクションのセラーだった場所でワインを作るなんて最高に素晴らしいと思う。私もこの本を記念したオリジナルブレンドのワインを持って間もなく家に帰るわ。

O Chateau
オー・シャトー
68, Rue Jean-Jacques Rousseau

Les Caves du Louvre
レ・カーヴ・デュ・ルーヴル
52, rue de l'Arbre Sec

チーズがなかったらワインはどうなるの？　私の住むニューヨークのブルックリンのアパートのそばには素敵なチーズと高級食材の店、「スティンキー・ブルックリン」があるの。多分、週に一度はコンテチーズかカマンベール、それに新鮮なプロシュートと上質なクラッカーを買いに行っていると思う。ここの店員は地元の人のためのチーズのエキスパートで、ワインとのペアリングに関するアドヴァイスが必要ならいつでも助けてくれる。パリジェンヌたちも家でおもてなしをするときや、ピクニックに出かけるとき、選んだワインにぴったりのチーズを必ず用意するようにしているのよ。

〈〈 プイィ・フュイッセと
カマンベール

牛の生乳を使ったノルマンディ産のカマンベールは、ほのかな塩味の中に独特なフルーティーな風味がある。ブルゴーニュ産の甘い白ワインにぴったり。

〉〉 シャルドネと
ルドルフ・ル・ムニエのコンテ

ロワール渓谷で作られ、熟成させた牛の生乳を使ったコンテチーズはバター、ドライアプリコット、ナッツ、そしてクリームの香りがする。ブルゴーニュ産のフルボディの白ワインに合う一品。

〈〈 ピノノワールと
オッソー・イラティ

スペインのバスク地方生まれの羊の生乳を使ったオッソー・イラティは甘くてナッツの風味がする。さらにバターのような味わいで、ヘーゼルナッツの香りもするの。この赤ワインと楽しむのが一番。

〉〉 シャトーヌフ・デュ・パプと
ポン・レヴェック

ポン・レヴェックは12世紀からノルマンディで製造されていたチーズ。低温殺菌した牛乳を使っているの。このフルボディの赤ワインが、チーズからオニオンとマッシュルームのフレーバーを引き出してくれる。

フレンチーの店たち

小さな石畳の小道、ニル通りにシェフのグレゴリー・マルシャンが美味しいエリアを誕生させたの。最初は一軒の素敵なレストランだけだったのだけれど、今ではワインバーや上質な朝食やランチを売っている食料品店まで揃っている。

Frenchie
フレンチー　*5, Rue de Nil*

ここには看板メニューがないの。毎日変わるから。16席しかないこのレストランで、シェフのマルシャンが重点を置いているのは、彼ならではの技術。魚や肉を完璧な状態にスモークし、料理の風味を引き立てるために異なる食感の食材を組み合わせているの。

Frenchie To Go フレンチー・トゥー・ゴー
9, Rue de Nil

小さなコーヒーショップ兼イータリー。食材はすべて出来立て――メイプルシロップと塩で漬け込んだ自家製のベーコンもよ。朝食にはエッグサンドイッチやグラノーラとヨーグルト、ランチにはずらりと揃った美味しいサンドイッチを楽しんで。

Frenchie Bar a Vin
フレンチー・バー・ア・ヴァン
6, Rue de Nil

ワインとタパスのバー。通りを挟んで向かいにある、フレンチーのテーブルが空くまでここでワインが飲める。友達と軽くつまみながらワインを飲みたい気分のときにもぴったりの店。

Experimental Cocktail Club
エクスペリメンタル・カクテル・クラブ
37, Rue Saint-Sauveur

パリで最初にできた潜りの酒場で、今は世界でもトップクラスのバーと評価されている店の1つ。狭い歩道の奥にある人気のスポットよ。モントルグイユの女の子たちはここから夜遊びをスタートさせるの。私の好きなカクテルはここの看板の「エクスペリエンス 1」。レモングラスを浸したジン、バジル、エルダーフラワーとレモンを使ったエキゾチックなカクテルで、新鮮な気分にしてくれる一品。

Jefrey's
ジェフリーズ
14, Rue Saint-Sauveur

このカクテルバーにはとても美味しいクラブサンドイッチとプチフールがあるの。どちらも誰かとシェアするのにぴったり。紫のヴェルヴェットのチェスターフィールドソファでリラックスしながら、ジャズとソウルミュージックのBGMを楽しんで。メニューに書かれた選び抜かれた材料を使って、あなたオリジナルのマティーニを作ることもできる。

Twinkie
トウィンキー
167, Rue Saint-Denis

場合によっては、美味しい朝食がひどい二日酔いを直すのに効果的なこともある。でも頭が割れるように痛いとき、何が食べたい気分なのかなんて決められない。この店にはあらゆる朝食メニュー――フレンチ、アメリカン、イングリッシュ、地中海風、グルテンフリーのものまで――が揃っているから、美味しい食事とフレッシュなジュースであなたの悩みを解決できるわ。子どもの頃に遊んだおもちゃやゲームを使った店内のキッチュなインテリアも、モントルグイユの女の子たちのお気に入り。

LUSTRE
Le Labo
MX

Passage Du Grand-Cerf パッサージュ・デュ・グラン・セール

145, Rue Saint-Denis

1830年代に作られたベル・エポック様式のパッサージュ。
デザイン性の高い小さな店が集まっているわ。

L'Illustre Boutique,no.1
リュリュストル・ブティック

文房具、紙製品、小さなアート作品の店。

La Corbeille,no.5
ラ・コルベイユ

1950年代から現代までのヴィンテージのインテリアを扱う店。

Cécil Boccara,no.8
セシル・ボッカラ

セシルはかわいらしくて個性的なジュエリーをデザインしているの。繊細なヘッドピースはモントルグイユの女の子が夜、特別なお出かけをするときにぴったり。

Pour Vos Beaux Yeux,no.10
プール・ヴォ・ボ・ズィユ

ヴィンテージのメガネフレームを100以上も扱っている店。オーナーのシャルル・モサが初めてニースに店を開いたのは20年以上も前なの。1930年代のフレームは50ユーロから、高いものだと600ユーロくらいまであるわ。

Artist Squat

アーティスト・スクワット
59, Rue de Rivoli

パリのアーティストたちのリアルな生活は、本物のアーティストたちの溜まり場を歩き回って見ること。2006年、パリ市はこの建物をアーティストのグループに寄贈したの。建物の外のインスタレーションは変わるから、リヴォリ通りで靴をショッピングしている途中、見上げるのを常に忘れないように。

季節ごとの靴

モンドルグイユの女の子がリーズナブルで品のいい、そのシーズンの流行の靴を買うときに向かうのはリヴォリ通り。「クリスチャン・ルブタン」で永遠不滅のデザインの靴を買うためにお金を節約するために、1、2シーズン楽しむためのお気に入りの靴はここで見つけて。

Eram,no.98 エラム
Minelli,no.96 ミネリ
Heyraud,no.90 エイロー

CHAPTER5

LOWER MARAIS《ロウワーマレ》

ロウワーマレにようこそ。かつて私はここを我が家のように思い、夢のような素敵な半年間を過ごしたの。今でも私の心の特別な場所を占めているし、お気に入りのエリアの1つ。このエリアの女性たちはパリジェンヌの中でもユニークな種族。本当に独特で、彼女たちもそれを認めている。気取らないお洒落を身をもって表現しているの。週末はトレードマークのコンバースのスニーカーとモーターサイクルジャケットというファッションで、友達とブランチやショッピングを楽しんでいる。彼女たちは最新の流行のスポットには行かないの。100年くらい前からずっと、パリで一番クールな場所であり続けているところを行きつけにしているわ。ヴォージュ広場の近くで彼女らしいアクセサリー——ターコイズ色のヴィンテージのヴェスパ——を発見できるはず。

このエリアに住んでいる女性たち同様、ロウワーマレは刺激的で官能的な場

所。美味しいファラフェルやうっとりするような匂いのクレープ、おしゃれなカラオケショップや甘いペストリーがある。中世から残る古い通りをさまよい歩いていると、アメリカには進出していない（そう、ニューヨークにも来ていない）若いパリのデザイナーのブティック、洗練された生活雑貨、最高のヴィンテージショップ、そして私たちが「マレの黄金の三角地帯」と呼んでいるエリアまでが絶妙に混ざり合っているのがわかるはず。フラン・ブルジョワ通りの南のエリア、ヴィエイユ・デュ・タンプル通りの２ブロックには、今一番人気がある、フランスの新しいブランドショップ、「サンドロ」と「マジュ」、「イロ」がある。この３ブランドのアイテムを身につければ、あなたもすぐにロウワーマレの女の子みたいになれるわよ。

マレに暮らす特権がはっきりわかるのは日曜日。パリの大部分がまだ眠っているとき、マレのブティックやベーカリー、レストランはもうオープンしていて活気に満ち溢れている。暖かい季節には、カフェの外のテーブルがロウワーマレで一番クールな女の子たちに占拠されているのを目にするはず。ラフなヘアスタイルやシンプルで清潔感のあるメイクが、彼女たちの素敵なところを引き立てているのがすぐにわかるわ。彼女たちを見るといつも不思議に思ってしまう。どうすれば「今ベッドから出てきました」風でいながら、驚くほどきれいで清潔感があるように見えるんだろうって。頑張らなくても彼女たちは、街で一番クールな女の子なのよ。

L'ECLAIR DE GENIE
L'ECLAIR DE GENIE
L'ECLAIR DE GENIE

THE FRENCH ART OF TEA

フランス流茶道

私がお茶への愛に目覚めたのは「マリアージュ・フレール」の店の隣に住んでいたとき。遠く離れた異国からやってきた、香り高いお茶をゆっくり味わうのはどこか贅沢な感じがするわ。たとえそれが自分の家のカウチであってもね。今でも週に3、4回はポットでお茶を入れている。茶葉はほとんどいつも「マリアージュ・フレール」のブレンド。何千マイルも離れていても、紅茶は私をパリへと連れ戻してくれるわ。マレに「マリアージュ・フレール」ができたとき、フランス人たちはお茶を飲むという行為を芸術へと変えたの。

「マリアージュ・フレール」は1854年にマリアージュ家によって創立された。ロウワーマレのティーサロンが発祥の地で、このエリアでも最も歴史のある特別な場所の1つ。フランス最古のサロン・ド・テなの。植民地時代を彷彿と

させる木製のカウンター、ヴィンテージの測り、古い中国の茶箱。この店以上にフランス流茶道を学び経験するのにふさわしい場所は、パリにはないわ。

日本には茶道の儀式があるし、イギリスはアフタヌーンティーで有名。同じようにフランスにも独自のしきたりがあるの。基本になっているのはお茶を正しくブレンドすること、お茶に合う美味しい料理を用意し、洗練されたシーンを作ること。フランス人はすべてのディテールに気を抜かないの。お水、ティーポット、浸出時間、どれもがお茶を美味しく淹れるために重要なステップ。お茶をサーヴするのに使うティーポットの種類も、お茶に合わせて出す食事も同じように重要よ。ティーポットやフードは「マリアージュ・フレール」でも買うことができる。ティーソムリエが、それぞれのスペシャルブレンドが1日のどのタイミングの食事に合うか、シーフードに合うとか辛いものがいいとか、デザートも含めてメニューまでアドヴァイスしてくれるわ。

世界中のお茶派の多くはミルクもお砂糖も入れずに飲んでいる。セヴィニエ侯爵夫人が残している手紙によると、最初にお茶にミルクを入れたのは彼女なんですって。フランスの女性はお茶を飲むことすら、贅沢で官能的な行為にしたの。

フランス人が大切にしている信念の1つが、落ち着いた環境でお茶を楽しむということ。だからロウワーマレに来たら時間をとってお茶を飲んでみて。これまでこれからも経験したことがないくらい、最も完璧に入れられたお茶が、最もエレガントに出されると思う。そして家に帰ったら、女友達を招いて彼女たちにフランス流茶道を教えてあげて。「ディーン&デルーカ」では「マリアージュ・フレール」で一番売れているお茶を少量ずつセットにして売っているわ。私の個人的なお気に入りは、ラバーズ・リープ、マルコポーロ、エロス、ル・ヴォワイジュール、カサブランカ、そしてウェディング・インペリアル。「マリアージュ・フレール」以外では「タンタライジング・ティー」のものをいつも飲んでいる。このブランドは素晴らしいお茶だけではなくて、私が好きなイーシン茶器も扱っているの。

Hôtel de Ville
ホテル・ド・ヴィル

パリ市庁舎は人間観察をしたり新しい友達——シングルのフランス人男性も含めて——を作ったりするのにぴったりの場所。賑やかなこの広場を使って、パリ市は季節ごとにビーチバレー、アイススケート、全仏オープンの試合の中継のようなアクティヴィティを主催してパリジャンたちを集めているの。

Pain de Sucres
パン・ドゥ・シュークル
14, Rue Rambuteau

甘い砂糖菓子や、いい匂いの美味しいお菓子が並ぶ贅沢なペストリーショップ。もしウィスキー味や抹茶味のカラフルなホームメイドのマシュマロに魅力を感じないなら、ローズマリーやトマトのフィリングの入ったサクサクのパン・ドゥ・シュークルを一口食べてみて。絶対心を掴まれるはずよ。

Le Défenseur du Temps
ル・デフェンソワ・デュ・タン
8, Rue Bernard de Clairvaux

ポンピドゥー・センターから半ブロックのところにある小さなパッサージュ。見上げると、壁に真鍮と鉄でできた面白い時計がある。ドラゴンやカニ、鳥や戦士の像でできているの。ドラゴンのお腹が呼吸に合わせて動いて、時を刻んでいるのに気がつくはず。午前9時から午後10時まで、戦士がカニやドラゴン、鳥と戦いを繰り広げているわ。近所の人たちしか知らない秘密だけれど実に素敵よね。

Centre Pompidou+Musee National d'Art Moderne

ポンピドゥー・センターと国立現代美術館

Place Georges Pompidou

ジョルジュ・ポンピドゥー広場

常に展示されているポロックやダリの刺激的な作品はもちろん、短い期間開催される企画展もすべて必見。近くに住む女の子たちがここのアートハウスの映画館やコンサートホール、書店に来ているのも見られるわ。

Dine at Georges

ル・ジョルジで食事を

ポンピドゥーセンターの最上階にある、眺望が素晴らしいレストラン。美味しいものを前に打ち合わせランチをしているパリジャンや、素敵なディナーデートを見せびらかしているカップルたちと並んで食事をしてみて。透明のファイバーグラスチェアが、ドラマ「SEX AND THE CITY」でキャリー・ブラッドショーが、アレキサンダーの元妻とここでランチをしたときに座っていたものであることに気がつくはずよ。映画『ル・ディヴォース／パリに恋して』でケイト・ハドソンが、義理の叔父にあたる男性と初めてセクシーな昼の逢引をしたのもこのレストラン。

La Fontaine Stravinsky

ラ・フォンテーヌ・ストラヴィンスキー

美術館の角を曲がったところにあるのがストラヴィンスキーの噴水。動く彫像の前で写真を撮ることができて、よく雑誌のファッションページのロケにも使われているの。

Bazaar de l'Hôtel de ville[BHV]

バザール・ドゥ・ロテル・ドゥ・ヴィル

52, Rue de Rivoli

パリ滞在中に必要なものが出てきたら、このデパートに売っているわ。「ブルーミングデール」や「ターゲット」、「デュアン・リード」、「ホームデポ」が全部集まったような店ね。あなたの家の近くでは手に入らないような、インテリアグッズが見つかるわ。特に私は地下にある金物類の売り場を見て歩くのが好き。いつもたくさんのパリジャンたちが家の鍵、電球、家具、フランス語で書かれた表札など面白いアイテムを自分たちの家のために選んでいるのを見ながら、横を通り過ぎるの。洋服やアクセサリーも、サンドロからトップショップまで幅広く揃っている。この店には午後に何台ものバスで観光客がやってくることもないから、ゆっくり買い物できるわ。ショッピングが終わったらルーフトップバー、「ル・ペルショワール・ドゥ・マレ」に行ってみて。

(「ブルーミングデール」、「ターゲット」、「デュアン・リード」、「ホームデポ」はそれぞれアメリカの百貨店、ディスカウントショップ、ドラッグストア、日曜大工の店)

Le Renard

ル・レナード

12, Rue du Renard

ここは以前アールデコ様式のキャバレー、「ル・テアトル・デュ・レナード」だった場所。今はマレの女の子のカラオケスポットよ。パリの女の子もカラオケをするんだ？　って言った？　もちろん、世界で一番おしゃれなカラオケバーがあるならね。美味しいアジア料理とシックなカクテルをお供に朝4時まで歌って楽しんで。

ブール・ティブール通り

うっとりするくらい魅力的な石畳の通り。ラッキーなことに私はここに住めたの。間違いなくここは私の一番のお気に入りの通りの1つ。ほとんど歩行者しか通らないから、静かで魔法にかけられたような雰囲気なの。ワンブロックだけでも紹介したい特別な場所がたくさんありすぎるのだけれど、次の場所がその一部。今でもよく行くわ。

Le Coude Fou

ル・クード・フウ

No.12

私が今まで食べた中でも、最高に美味しくて心のこもったフランス料理を出してくれる地元のレストラン。13年以上通っている宝物みたいな特別な店よ。

Lizard Lounge

リザード・ラウンジ

No.18

コンクリートの階段をふらりと降りたところにある賑やかなセラーバー。カクテルかビールを飲みながら英語が話せるバーテンダーとおしゃべりを楽しんでみて。バーテンダーはみんなアメリカやイギリス、オーストラリアから来ているの。パリでクールな新しいバーやおしゃれなスポットを教えてくれるわよ。

Mariage Frères

マリアージュ・フレール

No.30

扉を開けると、すぐに500種類以上のルーズリーフティーの極上の香りを胸いっぱいに吸い込むことになるはず。ダイニングルームに座れば、植民地時代のインドにいると錯覚してしまう。アイボリーのリネンのスーツを来た紳士が、お茶選びという旅を助けてくれるわ。あなたが思い描ける、ありとあらゆるお茶がここにはある。フランス最古のこのティーサロンでは、贅沢にお茶を使ったデザートが特別な体験を一層引き立ててくれる。帰る前にお土産に新鮮な紅茶を買って、マレの女の子が身につけ毎日実践しているお茶の作法を教えてもらって。

Tabio

タビオ

15, Rue Vieille du Temple

私の友達のクリスティーナ・カルドナ（またの名をブロガーの“トロップルージュ”）はソックスに取り憑かれているの。夏でもよ。彼女があらゆる色や形、素材を使ったキュートなストッキングやタイツ、ソックスがあるから行くようにって教えてくれたの。リボンがついたものからストライプ、レインボー柄のカシミアからレース素材、ウールのものまでどんなソックスでも手に入るわ。お気に入りのものにイニシャルを刺繍してもらうのもお勧め。数分で仕上げてくれるから。

Johanna Braitbart

ジョアンナ・ブレバル

26, Rue des Blancs Manteaux

ジョアンナの作る羽を使った繊細なヘッドピースやハットを使って着せ替えごっこを楽しんで。さまざまな形や大きさのものが揃っているの。店にジョアンナがいて、あなたのスタイルにぴったり合う一品を選ぶのを手伝ってくれる可能性もあるわよ。

Suncoo

サンクー

22, Rue des Roisier

ちょっぴりエッジを効かせた、甘いムードの洋服と繊細なアクセサリーがひしめきあっている店。できたばかりのパリ発のブランドなの。アメリカで有名になってしまうまで、秘密にしておきましょう。

Les Philosophes

レ・フィロゾフ

28, Rue Vieille du Temple

体がグラスワインを欲しているとき、ここのテラス席に座って人を眺めながら飲むのが大好き（肌寒い季節にはヒートランプが重要になるけれど）。ワインと一緒にチーズとシャルキュトリーのプレートも出してくれる。

L'As du Fallafel

ラズ・デュ・ファラフェル

34, Rue des Roisier

買い物していてお腹が空いてきたら、ここの列に並んでみて。列が長くてもすぐに進むから大丈夫。パリで一番のファラフェルが食べられるわ。最後にかけてくれるスパイシーなソースが、カリッと揚がったファラフェルとナス、そして今まで食べた中で最高に美味しいフムスをまとめているの。教えたお礼は食べた後で言ってくれればいいわよ。

THE LOVE OF SANDRO

サンドロへの愛

ずっと前から、シックなパリジェンヌ風スタイルについて考えるとき、まず私の頭に浮かぶコンテンポラリーブランドは「サンドロ」だった。シックでモダンでセクシー。でも決してやりすぎではない。デザイナーのエヴリン・シェトライトはクラシックに忠実で、永遠に変わらないシルエットをレースの縁取りやクールなカットワーク、面白い素材でアップデートして、何シーズンも着続けられるコレクションを作っている。アクセサリーも服と同じようにシックで、変に目立つことなくスタイリングを完璧なものにしてくれる。

この本の表紙の衣装を考えたとき、全身サンドロでまとめることに疑問の余地はなかった。でも表紙の写真を選ぶのは簡単ではなかったわ。背中にクールな切れ込みの入っている赤いドレスから、シースルーの素材を使ったミモレ丈のタイトなワンピース、モノトーンのプリーツドレス、レースの袖のついた光沢のあるジャンプスーツまで、どの形もサンドロのデザインはこの上なくシックでパリジェンヌ風なの。

サンドロのコレクションなら、夜のデートにセクシーなレザーのミニスカートと繊細なレースの縁取りのあるブラウスを合わせたり、秋にはセーヌ川のディナーにワンピースにレザーのジャケットを組み合わせたりできる。ブーツについても話してもいい？　淑女風のものからセクシーなものまでまったく違う独特のアイテムが揃っているけれど、どれも信じられないくらいすべての服に合うの。パリジェンヌたちはあまり服を持っていない。でも、彼女たちはいろいろ着回せるアイテムを買うの。「サンドロ」の艶やかなブーツはその典型的な見本。表紙のスタイリングも簡単にできたわ。

パリジェンヌたちはみんな、「サンドロ」のアイテムをいくつか持っていると思うけれど、一体化するくらいこのブランドを着こなしているのはロウワーマレの女の子たちだと思う。私は彼女たちの住む地域の中心、ヴィエイユ・デュ・タンプル通りにある店舗が一番好きよ。

マレの黄金の三角地帯

　この一画には昼も夜も、ロックなスタイルをしているロウワーマレの女の子たちがいる。ここにはパリで私が特に好きな洋服とアクセサリーの店が５軒も集まっているの。どの店も、トロカデロの豪華なブティックに比べて私の予算内に収まる。だからここは私のための黄金の三角地帯だと思いたいのよね。

Maje

マジュ

49, Rue Vieille du Temple

デザイナーのジュディス・ミルグロムは姉のエヴェリンと一緒に「サンドロ」のコレクションをデザインした後、自分のブランド「マジュ」を立ち上げたの。彼女のコレクションはロックなムードでグラマラス。大胆だけど常にシックなの。

Iro

イロ

53, Rue Vieille du Temple

「イロ」のデザイナーたちは他のブランドには見られない、くつろいでいるけれどクールなコレクションを創りだしているわ。エッジの効いたカジュアルウェアに、クラシカルでスタイリッシュなシルエットを取り入れている。かっこいいレザーのジャケットは春や秋に羽織るのにぴったり。

Sandro

サンドロ

50, Rue Vieille du Temple

シックでフェミニン、そこにほんの少しロックなムードがプラスされてるブランド。

Barbara Bui

バルバラ・ビュイ

43, Rue des Francs-Bourgeois

既製服とアクササリーの店。洗練されていて、ちょっとエッジが効いた、モダンな彼女のスタイルは女性に自信を与え、セクシーな気持ちにさせてくれる。

Bobbies

ボビーズ

1, Rue des Blancs Manteaux

春はローファー、夏はサンダル、秋はブーティーが揃う、大好きな靴のブランド。あらゆる色や素材のもの、そしてかわいいリボンをアクセントにした靴もある。このブランドがまだパリジェンヌたちだけの秘密なのも嬉しいけれど、それも長くはないんじゃないかと心配しているところ。

VINTAGE ALLURE

ヴィンテージの魅力

ヴィンテージの服を探して買うという行為には何か特別なものがある。もちろんみんながみんな、ヴィンテージ好きではないこともわかっている。でも私は大好き。私のクローゼットにある宝物のいくつかはヴィンテージで、何年も着続けているの。私の前にこのアイテムを持っていた女性の物語を想像してみるのが好き。このドレスを着てダンスに出かけて熱烈な恋に落ちたのかな、とか、この服たちは口がきけたらどんな記憶と秘密を聞かせてくれるんだろう、とか。

ヴィンテージを買うのは、他のものを買うときとはまったく違う。長い時間をかけて調べ、穴や汚れがないかを丹念に見ないといけない。そしてなによりもそういう気分にならないといけないの。私が買いたいと思うのはファーの襟のついた1950年代のAラインのコートやブローチ。ブローチはアクセサリーとしてつけることもできるし、大きめのブラウスを後ろでつまんで留めるのにも使える。そしてサマードレス。ヴィンテージの洋服を着て出かけるとき、今日は同じ服を着た人には絶対に遭遇しないってわかる。そこがいいの。

一点もののヴィンテージの服やアクセサリーはeBayやEtsyのようなサイトでも見つけられる。ヴィンテージの服をオンラ

インで買うときには寸法に気をつけること。それにサイズで選んではだめ。1960年代のサイズ6は今のサイズ6とは全然違うから！　オンラインで買うならサイズを気にしなくていいアクセサリーの方が安全ね。靴は別だけれど。アイテムの状態について質問があるときには遠慮しないで出品者に聞くこと。そしてサイトに載っているものだけではなく、他の写真を送ってもらうことをお勧めする。地元のリサイクルショップやヤードセールでもジュエリーが手に入るときもあるわ。私が育ったフロリダは、退職した人が北部から引っ越ししてくる場所で、彼らにとっての天国。完璧な状態のヴィンテージの服やアクセサリーを買うなら、こういう地域が金鉱よ。北部で着ていた冬服やフォーマルな服装は、フロリダで暮らすのには必要ないから。

このエリアの女性たちは自分だけのスタイルが大好き。そのため日常的にヴィンテージの服やアクセサリーを買いに出かけているわ。彼女たちにとってラッキーなことに、いろいろなブティックがあらゆる値段でヴィンテージのものを売っているの。それなりの値段のデザイナーもののヴィンテージもあるけれど、大部分は買いやすい値段よ。

これが私が集めたヴィンテージのショップリスト。ロウワーマレの女友達が教えてくれたものよ。

Mam'zelle Swing

マムゼル・スウィング

35, Rue du Roi de Sicile

かわいくて小さなヴィンテージのブティック。丁寧に選び抜かれた1900年代から1960年代にかけての洋服とアクセサリーが揃っている。他の多くの店で経験するようにひしめき合った商品に圧倒されてしまうっていうことは、ここではないわ。

Noir Kennedy

ノワール・ケネディ

22, Rue du Roi de Sicile

ロックなテイストのヴィンテージと新しいインディーズ系ブランドのアイテムが充実している店。ここに来ると、スキニーデニムにヴィンテージのレターマンのカーディガンを合わせたくなるはず。店内で棺桶や古いイギリスの電話ボックスに足を踏み入れてしまっても驚かないで。試着室として使われているの。

Rag et Vertige

ラグ・エ・ヴェルティージュ

83-85, Rue Saint-Martin

ここにある古着の半分はパイロットジャケットのようなカジュアルなアイテムや、1970年代のシャツやハイヒール。店の反対側には「エルメス」のヴィンテージのスカーフや、1960年代の「パコ・ラバンヌ」のドレスや「グッチ」の小物のようなシックなものが置いてあるわ。

Coiffeur Vintage

コワフュール・ヴィンテージ

32, Rue Saint-Martin

小さいけれどいい店。数え切れないくらいの素敵なベルトやユニークな靴が揃っていて、小物の天国よ。

1キロいくらで売っているお店

ヴェルリ通りを歩いて行くと、2つの素敵な店が見つかるわ。ここでは古着を山ほど選んで、キロ単位の値段で買うことができる。

Kilo Shop

キロ・ショップ

69-71, Rue de la Verrerie

この店はアイテムをスタイルとトレンドによって分類しているの。

Free'p'star

フリープスター

61, Rue de la Verrerie

こっちの店内はもっとごちゃごちゃしているけれど、くまなく探す価値はある。選んだものの重さを測ることができるように、店内のそれぞれのエリアにカゴとスケールが置いてあるから自分がいくら使っているか、常に知ることができるのよ。

Vert d'Absinthe

ヴェールダブサン

11, Rue d'Ormesson

アブサンの歴史を学びながら買うことができるアブサン専門店。あなたの大切な男性がカクテルを作るのが大好きなら、プレゼントを買うのにぴったりな場所。

Carven

カルヴェン

8, Rue Malher

今は退任したけれどクリエイティヴ・ディレクターのギョーム・アンリがとびきりシックな既製服とアクセサリーをデザインしていたブランド。主張のあるステートメントピースで女性を飾る方法を彼は完成させた。そしてどんなに強く見えても、彼のデザインにはフェミニンな雰囲気があり、着ると女性らしい気持ちになれるのよ。

L'Éclair de Génie

レクレール・ドゥ・ジェニ

14, Rue Pavée

エクレアはこれまでずっと私のお気に入りのデザートというわけではなかった。嫌いではないけれど、もっと好きなデザートがたくさんあったから。でもそれも、この店のエクレアを一口食べるまでのこと。食べているセルフィーをインスタグラムに載せて、大騒ぎする価値が 10000% あるエクレアよ。クリストフ・アダンは驚くようなエキゾチックなフレーバーのメニューを増やし続けているわ。アイスクリームのエクレアやボンボンもある。彼が次に作り出すものを試すのが本当に楽しみ。

Au Petit Thai

オ・プティ・タイ

10, Rue du Roi de Sicile

パリでトップクラスのタイフードを出すレストラン。地元密着型のかわいらしいこの店でのんびり過ごしてみて。ガールズナイトや恋人とのロマンティックなディナーにぴったりよ。

La Loire dans la Théière

ラ・ロワール・ダン・ラ・ティエール

3, Rue des Rosiers

マレで一番混んでいる、日曜日のブランチスポット。だから朝の早い時間、混む前に行くのが私は好き。そして完璧なタイミング、ブティックが開く時間に食べ終わるようにするの。ここで出すフランスの田舎風の食べ物がなくては生きていけない。いい匂いのさっくりしたタルトや、ホームメイドのパイ……OMG ！って思うわよ。どのパイにしようか選ぶのに苦労するはず。だから 2 種類頼んじゃって！

PLACE DES VOSGES

ヴォージュ広場

身近なピクニックスポット

パリで最も古い広場は、最も壮大な場所でもある。騒がしい日常から離れて、拱廊のある歩道やかつて貴族たちが住んでいた建物のある風景の中に浸ってみて。1-2 番地で暮らしていたセヴィニエ公爵夫人の生活を空想してみるのもいい。1 年のうちある特定の時期には「Pelouse en Repos」という看板が出るの。これは芝生を休ませているということだから、中に立ち入ってピクニックをしたり、寝転んだりしてはだめ。

MAISON DE VICTOR HUGO

ヴィクトル・ユーゴーの家

no.6

この立派な建物が文豪のヴィクトル・ユーゴーの家。装飾に関して彼がとてもいい趣味を持っていたことがわかる。それにここから見る庭園は息を飲むほど素晴らしいの。ユーゴーの風格のある人生について学んでみて。彼は小説「レ・ミゼラブル」を執筆している間、ここにアレクサンドル・デュマのような友達を招待し、もてなしていた。その後、ナポレオン 3 世の怒りを買ってガーンジー島に亡命していたのよ。

Carette

カレット

no.25

小さなティーサロン。庭園を見渡せる屋根つきのテラスがあって、とても美味しいモンブランが食べられる。冬はホットレモネードで温まるのもお勧め。庭園で手軽にランチを食べたい気分？　そういうときには美味しいサラダとサンドイッチをテイクアウトできるわよ。

Mathilde Thomas,

マチルド・トーマス

「コーダリー」の創業者

私はマレのエリアをさまよい歩くのが大好き。近くに「コーダリー」のスパがあるから、というだけではなくて、その雰囲気や小さくてユニークなブティックがあるからよ。ヴォージュ広場のカフェ、「カレット」で食事をするのも好き。そこからあまり離れていないところにある狩猟自然博物館はパリの一番の穴場よ。

ici
Chablis
au verre

Objets de notre
Mémoire
1890 à 1970...
Au Petit
Bonheur
la Chance

Village Saint-paul

ヴィラージュ・サン・ポール

　マレの南側、セーヌ川とリヴォリ通りの間を散歩しながら、サン・ポール通りを目指してみて。他の通りと変わらないと思うかもしれないけれど、アンティークや室内装飾品、フランスの職人たちが集まる村の中心地へと続いている。この村には徒歩でしか行けないの。家に持って帰れる小さなアイテムを買い、インテリアを変えるためのインスピレーションを得てみて。そしてほんの少しの時間でいいから、ゆっくり座って眺めを楽しむこと。

Au Petit Bonheur la Chance

オ・プティ・ボヌール・ラ・シャンス

13, Rue Saint-Paul

ロウワーマレの女性たちのように、キッチンをヴィンテージのキッチン用品やカラフルなボウル、リネンのようなミスマッチな組み合わせのものでいっぱいにするのはどう？　ここは家に持って帰りたくなる面白いヴィンテージの宝物でいっぱい。古いグリーティングカードや室内で遊ぶゲームもたくさん置いてあるの。

La Petit Maison Dans La Cour

ラ・プティ・メゾン・ダン・ラ・クール

9, Rue Saint-Paul

このかわいいカフェはフリーマーケットが開かれているサン・ポールの中庭から引っ込んだところにあるの。美味しい自家製のパンやキッシュ、サラダがあるわ。冬に行くことがあれば、ここの濃厚でクリーミーなホットチョコレートを頼んでみて。アンジェリーナのホットチョコレートとどちらが高得点だったか教えてね。

Chez Julian

シェ・ジュリアン

1, Rue de Pont Louis-Phillipe

このこじんまりしたビストロから見るセーヌ川の眺めは最高。フリットも本当に美味しいの。おしゃれなロウワーマレの女の子がみんな虜になっているわ。

Papier+

パピエ・プリュス

9, Rue du Pont Luis-Phillipe

フランス人は「書くこと」に対する喜びと愛を今でも強く持ち続けている。このエリアの女の子たちが、昔から使われている伝統的なハンドメイドのノートや紙、メモに使うカードを手に入れている場所。

Maison Européenne de la Photographie

ヨーロッパ写真美術館

5-7, Rue de Fourcy

世界で最も重要な、写真と映像専門の美術館。2ヶ月ごとに展示が変わるの。1950年代から現代までの15000点あまりのコンテンポラリーな写真と映像作品が展示されている。パリジェンヌたちはここからインテリアやファッション、ライフスタイルのインスピレーションを得ているわ。

CHAPTER6

UPPER MARAIS

アッパーマレ

この地域も、アッパーマレの女の子も現在注目度が上昇中。どちらもファッションや食べるもの、楽しむ方法に詳しいの。流行に敏感なエリアの中心で女性たちはクールでおしゃれ。少しだけボヘミアンで、どこをとってもやりすぎ感はまったくない。ロウワーマレの女の子たちの妹か従姉妹のような存在、と見るのがいいかも。姉たちよりも少しエッジが効いているのよ。広告会社で働いているアートディレクターで、洋服選びに関してはリスクを冒すけれど、あくまでもカジュアルでクールなタイプ。普段はコンバースを履いているけれど、ちゃんとした場所には黒のマキシドレスにレザーのジャケット、シャネルのスニーカーを選ぶ。間違いなく彼女はそれをさらりと着こなしてみせる。そしてその服装で家の近くにある、一番新しいコンテンポラリーアートのギャラリーのオープニングセレモニーに、みんなが集まった後に颯爽と現れるの。

アッパーマレの女の子たちは、将来有望と言われる段階の店に行くのも怖がらない。友達よりも前に新しいビストロやワインバーを試すのが大好き。でも昔からのお気に入りのレストランの「デリエール」やモロッコ料理のレストラン、「シェ・オマール」にもよく顔を出す。彼女たちが「ル・マリー・セレスト」

で強いカクテルを飲みながらオイスターを食べているところや、チョコレート中毒の禁断症状が出たときには女友達と「シェ・ジャヌー」で待ち合わせて、大きな器に入ったチョコレートムースを食べているのを目撃するはず。ちなみに大きなチョコレートムースはフランス中、どこにいってもあるわ。

パリでもトップクラスのスペシャルティコーヒーの店とバリスタたちが存在するのがこのエリア。「フォンダシオン・カフェ」や「フラグメンツ」、「ザ・ブロークンアーム」、「ブート・カフェ」などね。だから彼女たちはここでカフェインを手軽に補給できるの。カジュアルなランチデートに出かけるときにはパリで最古の屋外フードマーケット、「マルシェ・デ・ザンフォン・ルージュ」で待ち合わせする。ここでは日本、レバノン、モロッコ、フランスの本格派フードとドリンクが手頃な値段で買えて、外にあるマルシェ共有のピクニックテーブルで楽しむことができるの。

彼女たちが買い物をするのは古い芸術的なアクセサリーや一点ものが集まった個性的な店。メルシーというコンセプトブティックにあるアイテムはどれもクールよ。ここで買い物すべてを済ますこともある。自分のものを買ったり、そのときつきあっている彼に何か選んだり。アパルトマンを飾るものを探している場合も、地下にあるカフェでランチを食べるだけだとしてもここだけで十分。買い物の後に「グラツィエ」に現れることもあるわ。ピザショップとカクテルバーが融合した店で、彼女たちはそこでアペリティフを楽しんでから家に帰って、もう一度街に夜遊びに行く準備をするの。彼女たちは地下にあるカクテルバーでのんびりするのを好むタイプ。でも彼女にバーの名前を聞いてはだめ。彼女たちは自分の隠れ家を秘密にしておくのが好きだから。

パリにやってきた友達に彼女が勧めるステイ先は「ホテル・デュ・プティ・ムーラン」。デザイナーのクリスチャン・ラクロワがデザインした素敵なブティックホテルなの。正面はかわいくてミステリアスな雰囲気のブーランジェリーだから見逃しやすいの。このエリアの素敵なスポットとして、彼女たちがあげるのはピカソ美術館とカルナヴァレ博物館。この博物館の中庭はゴージャスな庭園になっていて、館内ではパリの歴史を通して見られるの。

CORDONNERIE
this coffee
is made

A NIGHT ON RUE DES GRAVILLIERS

グラヴィリエール通りの夜

　小さくて静かな一画に、私の好きな店が隣りあって並んでいる。アッパーマレの女の子たちにはこんなに素敵なディナーの選択肢と、食事の前後に飲みに行けるバーがあるの。

Le 404,no.69

レ・カトル・サン・カトル

モロッコ料理の店。イチジクとラムのタジン鍋とクスクスは怖いくらい美味。パリに行ってこの店に寄らないで帰って来ることは滅多にないわ。たくさんの友達と楽しく過ごすのもいいけれど、暗くてくつろいだムードだからセクシーなデートにもぴったり。

Andy Whaloo,no.69

アンディ・ワルー

モロッコ風のキッチュなバー。アッパーマレの住民たちは午後11時を過ぎたあたりからやってくるわ。モロッコ風の夜を演出するためにはまずLe 404でディナーね。カクテルを数杯飲めば、バンケットフロアで踊っている自分に気がつくはず。

Derriere,no.69

ル・デリエール

このレストランは以前、個人が所有していた美しい邸宅にあって、ベッドルームやリビングルームなどいろいろな部屋でディナーを楽しむことができる。食事はとても美味しくて、家族で食べるときのようなスタイルだから、一番いいのは友達のグループでいくことね。リビングルームにはビリヤード台もある。ダイニングルームのテーブルが空くのを待っている間、ゲームしてみて。

Café la Fusée

カフェ・ラ・フュゼ

168, Rue Saint-Martin

お互いに顔なじみの近所の住民で溢れているカフェ兼バー。ランチでもディナーでも、ただ友達とビールを一杯楽しむだけでも楽しい場所よ。私が好きなのは新鮮な野菜を使ったサラダと、薄くスライスされたプロシュート。ここで出してくれるストロベリーモヒートとの相性が最高なの。

The Broken Arm

ザ・ブロークン・アーム

12, Rue Perrée

オーガニックのカフェとコーヒーショップが自慢のコンセプトショップ。このエリアのクールな女の子と男の子でいっぱいなの。クリエイティヴな人たちが「ナイキ」と「キャンパー」の最新のコラボアイテムやこの店限定の「アデュー」のローファー、ラフ・シモンズや「カルヴェン」、「ケンゾー」、クリストフ・ルメールがセレクトしたウェアをチェックしにきているわ。

Lily of the Valley
リリー・オブ・ザ・バレー
12, Rue Dupetit Thouars

パリジェンヌたちを引きつけて離さない、かわいい小さなティーサロン。入った瞬間、花が描かれたタペストリーや壁紙、そして天井から下げられている花々に囲まれる、リリーの秘密の花園よ。彼女の選んだ美味しいお茶と自家製のパンを楽しんで。

Fondation Café
フォンダシオン・カフェ
16, Rue Dupetit Thouars

新たにパリのサードウェーヴ系コーヒー文化に加わった素敵な店。エスプレッソに合わせてアボカドトーストをオーダーするのが、アッパーマレの女の子流。

L'Aller Retour
ラレ・ルトゥール
5, Rue Charles-Francois Dupuis

ヴェジタリアンの友達は連れて行かないこと。おしゃれなステーキハウスだから。地元の人に混じって食事をしてみて。信じられないほど美味しいステーキとローストダックに、レトロなインテリアと素晴らしいワインがぴったり合っている。食事の最後には自家製のストロベリータルトを食べること。

Marché des Enfants Rouge
マルシェ・デ・ザンフォン・ルージュ
39, Rue de Bretagne

鉄の門の奥にある、パリで最も古いフードマーケット。新鮮なフルーツや野菜の店だけではなくて、フランスの家庭料理やモロッコのクスクス、作りたての寿司、イタリアのパスタなど食べ物の屋台がたくさん出ているわ。

Candelaria
カンデラリア
52, Rue Saintonge

メキシコの屋台フードを出す小さな店。メキシコ料理が大好きなパリジャンたちが押しかけている。入り口が裏路地にあって看板も出ていないけれど、ホームメイドのグワカモレやトスターダ、タコスは本当に美味しいから入ってみて。扉の奥は潜り酒場風のカクテルバーになっているの。

L'îlot
リロ
4, Rue dela Corderie

メニューのほとんどは値段の価値はある、よく冷えた貝やシーフード。静かで素敵な広場に面しているから気に入るはずよ。

Lauren Post,

ローレン・ポスト

アメリカン・バレエ・シアターのバレリーナ

パリが特別な場所である理由はたくさんあるから、そこから1つ選ぶのは難しいわね。アウトドアのカフェ、美味しいものを大切にするところ、豊富な赤ワイン、コーヒーやタバコ。これはこの街を魔法のような場所にしているほんの一部に過ぎないわ。私が大好きなのは「シェ・オマール」。タジン鍋で有名なレストランで、細かいクスクスの上にゆっくり時間をかけて火を通した美味しいお肉が乗っているのよ。最高の家庭料理だと思う。ここはパリ全体でもお気に入りのレストランね。特に冬や寒い雨の日に行くのがお勧め。

Le Barav

ル・バラフ

6, Rue Charles-Francois Dupuis

素敵な雰囲気の通りの角にあるワインバー。外のテーブルを予約できるわ。このエリアの住民たちは、まずこのバーでワインを少しだけ注文して飲んでみる。それからに隣にあるこのバーのワインショップに行ってボトルを買って、家で飲むのが彼らの楽しみ方よ。

Chez Omar

シェ・オマール

47, Rue de Bretange

カジュアルなモロッコレストラン。このエリアの女の子がランチやディナーにやってくるお気に入りのスポットよ。友達たちと集まってディナーをするのにぴったり。

Al Taglio 2

アル・タリオ ドゥ

27, Rue Saintonge

住民たちが熱々のピザを欲したときに来るのがここ。この店にしかないメニューからそれぞれお気に入りの味を選んでいるわ。どれもスライスで買うことができるけれど、もちろん一枚丸ごとでも大丈夫。私が必ず食べるのはア・ラ・トリュフ。

GET THE UPPER MARAIS LOOK

アッパーマレ流おしゃれの極意

私はオンラインショップ Shopbop が大好き。素敵なジーンズやアップカミングなデザイナーのアイテムが揃っていて、しかも返品するときの送料も無料なの！　アッパーマレの女の子がどうやって買い物をして、スタイリングをしているかを学んだら、Shopbop で探してみて。

デニム

このエリアの女の子はスキニーデニムで暮らしているの。それをヒールでドレスアップしたり、「コンバース」のスニーカーでカジュアルダウンさせたりしている。プレーンな黒いＴシャツ、モノトーンのストライプのセーター、シルクの花柄のブラウス……何にでも合わせてみて。私がまずチェックするお気に入りのデニムブランドは「J ブランド」、「カレント／エリオット」、「ラグ＆ボーン」、そして「トップショップ」。

モーターサイクルジャケット

モーターサイクルジャケットはパリジェンヌのシグニチャーアイテム。レザーだけではなく、ツイード、キャンバス地、ニットのものも欠かせない。住んでいる場所によるけれど1年中着ることができるし、この形が流行遅れになることはないわ。

コンバース

何足持っていても多すぎるってことがないのが「コンバース」のスニーカー。ブラック、ホワイト、グレー、そして必ず一足はハイカットを持っておいて。「シャネル」や「イザベル・マラン」のスニーカーが買えるようになるまで、スニーカーは「コンバース」に徹すること。ジムで履くスニーカーは別だけど、それはクローゼットの中にしまっておくべき。

Ｔシャツ

これまでＴシャツがマストアイテムだと思ったことがなかったの。「アレクサンダーワン」や「ヴィンス」、「カレント／エリオット」のようなブランドが、体型にぴったり合うサイズのＴシャツを出すまでは。こういうブランドのＴシャツはその場にふさわしいアクセサリーをつけて、ドレスアップしたりカジュアルダウンさせたりして、どこにでも着ていくことができる。金曜日の夜に遊びに行くなら、Ｔシャツにピンヒール、スキニーデニムにレザーのジャケットがぴったり。文字が書かれたＴシャツはワードローブを楽しいものにするのにマスト。パリについて書いてあったり、フランス語が使われていたりするものもあるけれど、中にはちゃんとパリジェンヌが認めるものもあるわ。ブロガーのジュリー・サリナナの「SincerelyJules.com」というサイトをチェックしてみて。最新アイテムを使ったスタイリングが見られるから。

Hod
ホッド
104, Rue Vieille du Temple

このエリアの女の子にとってのアクセサリーの天国。様々なブランドのジュエリーやアクセサリーを扱っている。30 以上のデザイナーのアイテムが揃っていて、値段もいろいろよ。

Surface to Air
サーフェイス・トゥ・エア
108, Rue Vieille du Temple

パンクなコンセプトストアとしては世界で最高のお店の 1 つ。たとえあなたの好きなスタイルではなくても、メンズとレディース、両方の最新アイテムを見に立ち寄ってみて。ここで見たスタイリングがあなたの中にじわじわ浸透して、これからのシーズンのものすごくベーシックなアイテムについても着こなしのインスピレーションをくれるかもしれないから。

The Collection
ザ・コレクション
33, Rue de Poitou

イギリス、フランス、スカンジナビアのアーティストたちによる壁紙を集めた専門店。スーツケースに簡単に入るから、躊躇せず、自宅の壁紙も選んで大丈夫。トロンプイユ、遊び心たっぷりの動物柄、スクリーンプリント、タイルを使ったモザイク柄などから選べる。面白いインテリアアクセサリー、キッチン用品やコート掛けも売っているの。

Breizh Café
ブレッツ・カフェ
109, Rue Vieille du Temple

甘いものを欲しているときも、塩系のものが食べたい気分のときも、このエリアの女の子がパリで最高のクレープを求めていくのがこの店。ホームメイドの塩キャラメルソースと溶かしたヴァローナチョコレートがかかったクレープは自分へのご褒美。お食事系のものなら、職人たちの手作りのハムや数の子、クレーム・フレッシュ（乳酸菌で発酵させた生クリーム）やホタテを使ったものがあるわ。軽いランチを食べたいときにぴったりよ。

Swildens
スウィルデンズ
22, Rue de Poitou

この店のコレクションはこのエリアの女の子のあらゆる要素を押さえていて、彼女たちがパーフェクトなワードローブを作るのに貢献している。ボヘミアン、ロマンティック、シック、ロック、すべてのテイストが 1 つにまとまっているの。扱っているアイテムのほとんどはシルクやコットン、ウールなどの天然素材のものよ。

Shine
シャイン
15, Rue de Poitou

コンテンポラリーブランドのコレクションや、ここのオリジナルブランドの洋服を売っているショップ。パリで最初に「マーク・バイ・マーク・ジェイコブス」のアイテムを扱ったのがこの店なの。今でも世界的なアップカミングなデザイナーのアイテムを紹介することを理想に掲げていて、「イードゥン」、「シー・バイ・クロエ」、「チープ・マンデー」などのマストアイテムを揃えているわ。

Rose Bakery

ローズ・ベーカリー

30, Rue Debelleyme

朝食には紅茶やしぼりたてのジュース、スコーン、ランチにはオーガニックのサラダやキッシュ、スープが選べる店。毎日、新鮮で作りたてのものを揃えているの。チーズやバケット、ペストリーに飽きてビタミンを大量補給する必要に駆られたとき、パリの女性たちはここにきて新鮮なベジタブルプレートを頼んでいるわ。

Le Mary Celeste

ル・マリー・セレスト

1, Rue Commines

このカクテルバーにはこのエリアの女の子たちが毎晩集まってくるの。美味しいカクテルやブルックリンビールは小皿料理やオイスターにマッチしていて、夜遊びを始める方法としては完璧。

A SWEET PARISAN ICON

パリジャンの溺愛するスイーツ

　パリと聞いて私が最初に連想するデザートはねっとりしたヌテラを使ったクレープね。みんながマカロンに取り憑かれるずっと前、パリに来た人はまず、パリのクレープ——その後何度も味わうことになる最初の一口——を食べに行くことを考えたものよ。リヴォリ通りにある小さなクレープスタンドの男性を観察してみて。生地を流して、クレープの魔法の杖を使って少しぱりっとした完璧な状態まで火を通す。それからスプーン一杯のヌテラ（ヘーゼルナッツのスプレッドよ）を落として伸ばす。私がパリで過ごした日々の中でも、これを眺めるのは最高の時間だった。初めてパリを訪れたのは何年も前だけれど、そのときから私のクレープ体験は拡大していき、甘いものだけでなくて食事系のものにも挑戦したわ。このエリア女の子たちの縄張りには、パリで間違いなく一番のクレープの店、「ブレッツカフェ」がある。ランチやディナーで訪れるなら、予約することをお勧めするわ。

私は時々家でクレープを作るのにトライするの。少し練習が必要だけれど、フライパンを熱する温度をマスターしてしまえば、簡単だし、あっという間に作れる。街を離れていた友達が週末に遊びに来たときの朝食は、テーブルの上にいろいろ並べて、自分の好みのクレープを作りながら食べるのが好き。

ブルターニュまで行けない？　それなら家で自分のクレープを作ってみて！

フランス風クレープ

＜材料＞

冷たい牛乳　3/4 カップ
冷たい水　3/4 カップ
卵　3 個
グラニュー糖　大さじ 1
ヴァニラエッセンス　小さじ 1
小麦粉　1 と 1/3 カップ
溶かしバター　大さじ 5

＜作り方＞

材料をすべてミキサーに入れて、高速で 1 分間混ぜ合わせる。
冷蔵庫で 2 時間寝かせる。

バターか植物性オイルをフライパンに薄く引く。
中火から強火の火にフライパンをかける。
フライパンから煙が出始めたら火から下ろす。
フライパンの中央に 3/4 カップの生地を流し込む。
2、3 秒でフライパンをまんべんなく傾けて、生地を均一に広げる。
フライパンを火の上に戻し、生地の下側がかすかに茶色に色づき始めたらスパチュラでひっくり返し、数秒焼く。
フライパンから降ろして好きなペースト（ヌテラでも、ピーナッツバターでも、「ボンヌ・ママン」のジャムでも）やスライスしたフルーツをのせ、泡立てたホイップクリームかパウダーシュガーで飾って出来上がり。

Ambali
アンバリ
79, Rue Vieille du Temple

このエリアの女の子が毎シーズン、自分のトレードマークになるアイテムを買いにやってくるのがここ。冬ならグラフィックプリントのベルト付きで裾がチューリップヘムになったＡラインのコート、春ならアクセサリー次第でいろいろ着回せるドレス。仕事の場では女性らしく、土曜日の夜にはセクシーに着こなすことができるわ。

Robert et Louise
ロベール・エ・ルイーズ
64, Rue Vieille du Temple

父娘で経営している古き良きスタイルのタヴァーン。みんなでシェアできる大きなテーブルの横に巨大な暖炉があって、そこで肉をじっくり焼いているの。ここには彼氏を連れて行ってあげて。メインの肉料理もルイーズのおばあさんが作ったデザートも気に入るはず。お昼のプリフィックスもパリで一番のランチメニューの１つ。

Musée Carnavalet
カルナヴァレ博物館
16, Rue des Frances-Bourgeois

この建物は16世紀に建てられて、もともとはセヴィニエ侯爵夫人の家だった建物。かつてはホテルで、今は1700年代から現在に至るまでのパリの歴史を展示した博物館になっている。個人が所有していた芸術品、家具、絵画がコレクションされていて、マリー・アントワネットのファンにはたまらないはず。だって「マリー・アントワネットの部屋」にはブローチの中に保管されていた彼女の髪や、死の直前に描かれた肖像画、彼女の子どもたちが大好きだったおもちゃまで飾られているのよ。

Gag & Lou Jewelry
ギャゲルゥ
38, Rue de Sévigné

ここで売っているメタルのチャームと、刺繍で作られたブレスレットは重ねづけするのがお勧め。ペンダントを選ぶなら、イニシャルを入れてカスタマイズしてもらって。その場でやってくれるから。

Comptoir de L'image
コントワー・デ・イマージュ
44, Rue de Sévigné

ファッションフォトの写真集を集めたブックショップ。オーナーはかつて有名写真家のリチャード・アヴェドンのアシスタントだったの。このエリアの女の子はここの本棚や写真集たちから、スタイリングのインスピレーションをもらっているわ。

Square Léopold-Achille
レオポルド・アシル公園
29, Rue de Sévigné

公園の中央には淡いピーチ色のイル・ド・フランス地域のバラが咲き、マイヨールの彫刻がある。蔦の絡まる美しいピンクの建物に囲まれているこの場所は、私がパリで愛する公園の１つ。ここにペストリーや甘いお菓子を持ってきてベンチに座り、セヴィニエ公爵夫人が宮廷の女性と噂話をしながら、お散歩しているって想像するのが好きなの。

VINOTHERAPY

ヴィノテラピー

私が飲むお酒はどんなときでも必ずワイン。バターのようなこってりしたシャルドネの白や、シャトーヌフ・デュ・パプの赤、フレッシュなロゼなど、選ぶものは変わるけれどどれも美味しくて、食事の味を引き出してくれるから。それに健康にもいい。そのことを「コーダリー」で聞いたとき、もっと学ばなくてはと思ったの。「コーダリー」は私が大好きなフランスのコスメブランドで、ボルドーにある彼らの家族の農園で栽培したぶどうの果実や蔦から採取した栄養成分を使って化粧品を作っているの。

ぶどうの種からは強い抗酸化物質、茎からはアンチエイジング物質、ワインの酵母からは人を保護する物質が採取できる。このブランドはこれらを使って肌を守り、潤いを与え、再生させる製品を開発し特許も取った。自然からの恵みをふんだんに使っているのに、手に入りやすい価格なのよ。

「コーダリー」のアイテムで私が最初に夢中になったのは「ビューティエリ

クシール（日本名　オードボーテ）」。何年も前から私のバスルームにはレギュラーサイズ、もしくはトラヴェルサイズのボトルが常備してあるわ。朝起きたとき、夜ベッドに入る前、長いフライトのときに、気分をリフレッシュさせるために使うお気に入りの美容アイテム。アッパーマレの女の子たちが「ベッドから出てきたばかりのように見えるのに素敵」でいるための秘密兵器は間違いなくこれね。

他に気に入っているのは「ディヴィン・オイル」や「ヴィノソース・モイスチャー・リカヴァリー・クリーム」「ヴィノソース・SOS サースト・クウェンチング・セラム」。これらがないと冬は生きていけないわ。

ボディフレグランスの新コレクションは、ぶどう畑で1日を通して体験できる香りを再現したもの。「フルール　ドヴィーニュ」は朝露のような香り。「ゼスト ド ヴィーニュ」は昼間のぶどう畑のよう。そして「テ デヴィーニュ」は夕方のそよ風。シトラス、フィグ、そしてジャスミンの香りを嗅いだ瞬間、飛行機のチケットを予約してボルドーのシャトー・スミス・オー・ラフィットにあるこのブランドのぶどう畑を訪ねたくなるはず。「コーダリー」のスパもここにあるの。

何年もの間、私は「コーダリー」のアイテムを簡単に買えるフランスの女の子たちが羨ましくて仕方がなかった。でも今ではアメリカでも手に入る。オンラインでも買えるし、ニューヨークとロサンゼルスにあるフラッグシップショップやスパでも買えるの。パリにある店を訪ねるのも好きだけれど、ニューヨークのウェストヴィレッジで、ボルドーの雰囲気の近くに住むのも面白いものよ。

Caudalie Paris
コーダリー・パリ
8, Rue des Francs-Bourgeois

Chez Janou

シェ・ジャヌー

2, Rue Roger Verlomme

このエリアの女の子のお気に入りのレストランで旅行者にも知られていない隠れ家。プロヴァンス地方の料理が食べられるの。素晴らしく美味しいラタトゥイユや、何か特別なものが隠されているに違いないチョコレートムースがある。このムースには驚くはずよ。

Boot Café

ブート・カフェ

19, Rue du pont aux Choux

かつて靴の修理店だった場所にオープンしたコーヒーショップ。店は小さいけれど、その味わいはちっぽけじゃないわ。地元の人みたいに 1 日の始めのコーヒーをここでテイクアウトして。

Musée Picasso

ピカソ美術館

5, Rue de Thrigny

世界中で一番多く、ピカソの作品が揃っている場所。年代順に展示してあり、ピカソ個人が所有していたマティス、ルノアール、セザンヌの絵も所蔵しているわ。庭には美しい彫刻もある。晴れた春の日には散策しているパリジャンたちがいるはずよ。

Fabrizio Moretti,

ファブリツィオ・モレッティ

「ザ・ストロークス」ドラマー

パリにいると毎朝目覚めるたびに、圧倒的な充足感に満たされるんだ。家を一歩出ると、世界で一番素晴らしい街が慌ただしく動いているんだからね。恋の魔法にかかったようにフランスの澄んだ空を見上げ、あの有名なベージュ色の塔の先端に導かれて通りを歩く。その途中、はっと気がつくんだ。「ブート・カフェ」にその日のスタートを切るためのコーヒーを買いに行く途中なんだ、想像の世界にいるわけではないんだってことに。

L'Apparemment Café
アパラマンカフェ
18, Rue des Contoures Saint-Gervais

ピカソ美術館の前にある、素敵なワインバー。ボードゲームがたくさん置いてあるの。雨の夜にはこのエリアの女の子に混じって、ボトルでオーダーしたワインを飲みながらウノを何ゲームかやってみるのもお勧め。

Clown Bar
クラウンバー
114, Rue Amelot

ベル・エポック時代、ここではパリ名物の冬のサーカスが開かれていたの。今は美味しいビストロ＆バー。サーカスの内装をそのまま残し、そこに独創的な食事と自然派ワインだけのワインリストを持ってきたの。ビュクサン貝のフライは本当に美味しい。パリジャンたちが日曜日の夜にテイクアウトして、のんびり楽しむお気に入りのメニューよ。

Merci
メルシー
111, Boulevard Beaumarchais

パリでトップクラスのコンセプトショップ。私が旅行したことのある他の街を含めても最高だと思う。以前は壁紙の倉庫として使われた店内は、最高にクールで小さなデパートが現実になった感じよ。服やアクセサリーから家具、キッチン雑貨まで、ここにあるものすべてが欲しくなる。ここにある「ユーズドブックカフェ」ではお茶を、そして地下にあるカフェではランチをしてみて。1日中この店で過ごし、女の子たちが何を買うのか見てみるのも楽しいわ。

Grazie
グラツィエ
91, Boulevard Beaumarchais

メルシーのオーナーが開いた、ピザとカクテルのお店。メルシーの数店先にあり、マッドサイエンティストのようなミクソロジストが、ものすごく長いカクテルリストを創りだしたの。そのカクテルが、ピザを知り尽くしたイタリア人が薪を使って石窯で焼いたピザを引き立てているわ。

La Phamacie
ラ・ファルマシー
21, Rue JEan-Pierre Timbaud

地元の人が行くネオビストロ。鮮やかなターコイズのサンシェードがあなたを歓迎してくれる。ここは以前薬局だった場所だからワインのボトルと一緒に、薬局で使う珍しいもののアンティークが飾られているのを目にするはずよ。メニューはシンプルで、アペタイザー、アントレ、デザートがそれぞれ5種類しかない。何を頼むか迷わなくて済むから、その分ゆっくり友達と過ごせるわ。

Au Passage
オ・パッサージュ
1, Bis Passage Saint-Sebastien

シェフのジェームズ・アンリとショーン・ケリーが店を去った今も、近所の人に愛されているビストロ。リラックスできるムードで、小さなプレートの料理をみんなでシェアするのが楽しい。コリアンダーの花をあしらったブッラータを頼まないのは犯罪よ。

ついに美しい街パリの旅パート１も終わり。「シャネル」でのティータイムからワインのテイスティング体験、ヴェルサイユ宮殿へのプチトリップまで、さまざまなパリを紹介できたと思うわ。

あなたはアッパーマレの女の子たちのようにピンヒールよりもコンバースを選ぶタイプ？　それともカメレオンみたいなモントルグイユの女の子に似ている？　ラグジュアリーな暮らしを楽しむトロカデロの女の子たちが好き？　オランジュリー美術館で贅沢な朝時間を過ごすチュイルリーの女の子に憧れているかもしれないわね。パリがバラエティに富んだ表情を見せるように、いろいろなパリジェンヌがいることを楽しんでもらえたら嬉しい。パート２でも素敵なレストランや美術館、パリジェンヌたちを紹介していくので期待していて。

またね！

À bientôt!

アンジーより

感謝の気持ちを込めて

この本を私の素晴らしいガールフレンドたちに捧げます。その中の多くの子とパリでの冒険（そして少しの失敗）を一緒に体験できて私はとても幸せよ。アイディアを絞り込むのを手伝ってくれたこと、そして何年にも渡ってパリに対する私の妄想と執着を煽ってくれてありがとう。ヘイリー・ワルスワスとケイコ・グローブが撮った美しい写真は、私がストーリーをまとめる手助けになってくれたわ。そしてジェイソン・マクドナルドは文字通りパリの街中を歩きまわり、完璧な表紙の写真を撮ってくれた。そしてイヴァ・ズギッチ、かわいいイラストで私のパリジェンヌたちに命を吹き込んでくれてありがとう。この本のカヴァー、そして本の中身に対するあなたのクリエイティヴなものの見方はインスピレーション以上のものを与えてくれた。そして私の人生で特別な男性にもお礼を。あなたがイタリアに行きたがっていたというのに、何度も何度もパリの街を引きずり回すのを許してくれてありがとう。その部分はもちろん、それ以外の点でもあなたのことが大好きよ。そして私のエージェントであるキム・パレル。あなたのヴィジョンとアドヴァイスに感謝しているわ。そしてバークリー社のエディター、デニース・シルベストロ。この本を作るという私の夢を実現してくれてありがとう。そして最後に、私の両親へ。私の人生——学生時代や無給でのパリでのインターン時代——を支えてくれたことに感謝しているわ。この光の街にすっかり夢中になってしまったのは、インターン時代が発端だったのよ。

PHOTO AND IMAGE CREDITS

Haleigh Chastain Walsworth: back cover; pages: 9; 10; 12; 13; 16 (top and bottom); 20 (top and bottom left); 21; 23; 25; 26; 31; 33; 34 (top); 42 (left and right); 43; 44; 45; 46 (top); 48; 50; 51; 52–53; 54; 55 (bottom); 59; 61; 62; 67; 69 (top right); 70 (bottom); 72; 73 (top and bottom); 74; 81; 83; 85; 87; 89; 91; 95; 98; 99; 101; 103; 108 (top left); 113; 114 (bottom); 116-117; 123; 125; 126 (bottom); 129; 131; 132; 135 (top left and right); 138; 139;

Angie Niles: pages: 7; 17; 20 (bottom right); 24; 26 (top left and right); 29; 34 (bottom left and right); 37; 38; 39 (bottom); 41; 45; 46(bottom); 47 (bottom left and right); 49; 55 (center); 56 (right); 57; 63; 65; 66; 69 (top left and bottom); 70 (top); 73 (center); 75; 76; 78; 79; 84; 92; 93; 97; 106; 108 (top right); 109 (bottom); 112; 114 (top); 115; 117 (top); 127;128; 130; 134; 135 (bottom);

Iva Zugic:front and back cover; pages: 2; 3; 5; 8; 30; 36; 58; 80; 90; 100; 119; 122.

Keiko Lynn: back cover; pages: 14–15; 28; 35; 56 (left); 71; 96; 104; 105; 137.

Guy Aroch:page 140; 143.

Jason McDonald: front cover; pages: 110-111.

Helena Glazer:front cover; pages: 19; 39 (top).

Christina Caradona: page 109 (top).

Le Bristol Paris: page 24 (top).

Lancaster Paris: page 47 (top left).

Le 404: page 126 (top).

Caudalie Paris: page 136.

著者略歴

Angie Niles（アンジー・ナイルス）

ファッションパブリシスト、ブランドコンサルタントにして、有名セレブリティのスタイリスト0。レッドカーペットのイヴェントやファッションショー、世界的な広告キャンペーンを企画、またゴールデングローブ賞やアカデミー賞ではセレブリティのスタイリングを担当するなどの活躍を見せる。パリでは右岸と左岸の両方で暮らした経験を持ち、現在はニューヨークのブルックリンのボアラム・ヒル——雑誌「Vogue」誌の言い方に倣うと“ニューヨークの左岸”——在住。

訳者略歴

長坂陽子（ながさか・ようこ）

翻訳者・ライター。ウェブや雑誌に海外セレブリティに関するニュース、コラムを執筆中。翻訳書に「私はジョン・Fの愛の奴隷だった」、著作「CELEB GOSSIP年鑑 2009-2010」など。

巴里《パリ》のアメリカ人
パリジェンヌの秘かな楽しみ方を学ぶ
セーヌ川北部編

2016年8月1日　　第1版発行

著　者　アンジー・ナイルス
訳　者　長坂陽子
発行者　唐津 隆
発行所　株式会社ビジネス社
〒162-0805　東京都新宿区矢来町114番地　神楽坂高橋ビル5階
電話　03(5227)1602(代表)
FAX　03(5227)1603
http://www.business-sha.co.jp

〈デザイン〉　林 陽子（Sparrow Design）
〈印刷・製本〉　大日本印刷株式会社
〈編集担当〉　松下元綱（FLIX編集部）
〈営業担当〉　山口健志

ISBN978-4-8284-1895-7